"진짜라고 생각하면 그렇게 될 거예요."

"서비스를 시작하시겠습니까?"

원더랜드 MOVIE ARTBOOK

1판 1쇄 인쇄 2024. 8. 06.
1판 1쇄 발행 2024. 8. 30.

지은이 김태용, 김대식

발행인 박강휘
편집 강지혜, 김민경 디자인 유상현 마케팅 김새로미 홍보 반재서
영화 제작 ㈜영화사 봄, ㈜기린제작사
현장 사진 박병덕 (포토 스튜디오 마흐) 그래픽 보정 VSS Co., Ltd.
발행처 김영사
등록 1979년 5월 17일(제406-2003-036호)
주소 경기도 파주시 문발로 197(문발동) 우편번호 10881
전화 마케팅부 031)955-3100, 편집부 031)955-3200 | 팩스 031)955-3111

값은 뒤표지에 있습니다.
ISBN 978-89-349-6771-2 03680

홈페이지 www.gimmyoung.com   블로그 blog.naver.com/gybook
인스타그램 instagram.com/gimmyoung 이메일 bestbook@gimmyoung.com

좋은 독자가 좋은 책을 만듭니다.
김영사는 독자 여러분의 의견에 항상 귀 기울이고 있습니다.

원더랜드

WONDERLAND

MOVIE ARTBOOK

김태용×김대식

서문

인터뷰 | 김태용×백은하
에세이 | 김대식

이상한 나라의 김태용

백은하, 영화기자(배우연구소 소장)

김태용은 매번 우리를 이상한 나라 ^{wonderland} 로 초대한다.
이 토끼굴에서는 괴담이 러브스토리로 잉태되고, 타인이
가족으로 탄생한다. 사랑의 시간은 무한대로 확장되거나
찰나로 압축된다. 친절한 미소를 띤 김태용은 미친 모자
장수처럼 괴상한 질문들을 던진다. 그 안에서 삶과 죽음,
연기와 진심, 진실과 거짓의 의미는 엎치락뒤치락 크기를
바뀌나간다. 인간의 언어는 잠시 무용해지고 선형으로
흐르던 시간은 종종 힘을 잃는다.

처음으로 당도했던 〈여고괴담 두번째 이야기〉의
영문 타이틀은 '메멘토 모리 ^{Memento Mori}' 즉 '죽음을
기억하라'였다. 하지만 이제 막 도착한 〈원더랜드〉에서는
반대로 죽음 자체를 망각할 것을 제안한다. 죽은 자들을
다시 산자들의 세상으로 회귀시킨 후, 과연 지금까지
우리가 진짜라고 믿던 것의 실체가 무엇인지를 묻는다.
김태용의 원더랜드, 이 엄청나게 이상하고 믿을 수 없이

아름다운 꿈은 언제 끝나게 될까? 다행히 출구는 아직
보이지 않는다.

⑪ **〈만추〉를 지나 〈원더랜드〉의 문을 열기까지 꼬박 13년이**
걸렸습니다. 어떤 여정을 거쳐 지금에 다다르게 되었나요?

⑪ 〈원더랜드〉의 초안은 2016년쯤 쓴 것 같아요. 구체적인
에피소드들은 거의 달라졌지만 죽은 사람을 기술로
복원해서 보고 들으며 살아가는 가까운 미래, 라는
기본 콘셉트는 같아요. 그사이 국립국악원과 함께
〈꼭두〉라는 국악공연을 무대에 올렸어요. 이후에 영화
〈꼭두 이야기〉로 제작하기도 했고요. 죽은 할머니의
꽃신을 찾아가던 남매가 우연히 저승길에 떨어져
망자들을 안내하고 위로하는 '꼭두들'을 만나면서
벌어지는 이야기인데요. 〈만추〉도 그렇고 그간 기획했던
프로젝트들도 가만히 보면 결국 사람이 만나고 헤어지는
것에 대한 이야기를 계속하고 있더라고요. 한동안
준비하던 제 버전의 〈신과 함께〉의 방향 역시 〈꼭두〉처럼
'사후세계' 그 자체에 방점이 찍혀 있기보다는 만남과
이별에 대한 이야기였어요. 왜 이렇게 그 주제에
천착하는지는 모르겠어요. 유한한 인간의 삶 속에서
어차피 모두와 헤어질 때가 오겠죠. 이별도 사별도 그저
조금 일찍 헤어지느냐, 나중에 헤어지느냐의 차이라는
생각이 들었어요. 사실 인생이 너무 짧잖아요. 가끔

내 나이를 생각하면 깜짝 놀라기도 해요. (웃음) 다행히
나이가 들어가면서 이별이 옛날만큼 엄청난 일처럼,
격정적으로 느껴지진 않아요. 대신 왜 이렇게 인간은
이별을 겁내는지, 어떻게 하면 잘 헤어지는 것인지에
대한 생각을 계속하게 돼요. 이승에서 내가 못 해줄 일을
저승에 있는 '꼭두'가 대신할 거라 생각하면 마음이
어느 정도 편해지잖아요. 그런 생각에 계속 천착하다
보니 저승의 꼭두에게 맡기는 대신 죽은 이를 어떤
방식으로든 복원해서 여기에서 함께 살아가면 되지
않을까, 라는 생각에 이르게 된 거죠.

백　**데뷔 이후 공포, 드라마, 멜로 등 특정 장르에 머물지 않는**
　　필모그래피를 쌓아왔지만 김태용 감독과 SF 장르라니,
　　의외였습니다.

김　한참 과학에 관심이 깊어지면서 스티븐 호킹부터 시작해
　　과학서적을 열심히 탐독했었죠. 특히 김대식 교수
　　책을 흥미롭게 읽었어요. 2017년쯤 〈원더랜드〉 초고를
　　보내드렸을 때 재밌다는 반응을 듣고 영화의 과학
　　자문까지 부탁드리게 되었죠. 어쩌면 우리가 인류사에서
　　죽음을 맞이하는 마지막 세대가 될 거라는 이야기도
　　있잖아요. 내 몸을 기계로 바꾸든, 영생을 하든,
　　SF 영화에서나 보던 일들이 빠른 시일 내에 현실이
　　되겠다는 생각이 막연히 들었어요. 길어도 백 년밖에
　　못 사는 인간, 이라는 전제로 인류의 모든 가치와 철학이
　　형성되었는데, 만약 인간이 천년을 살기 시작하면
　　우리의 관계는 어떻게 어디까지 바뀌게 될까? 당시 연출

메모를 보면 '실존의 문제를 생존이 아니라 관계에서
풀어보겠다는 과학적 야심'으로 시나리오를 써내려가게
되었어요.

삶과 죽음

(백) 〈가족의 탄생〉도 그랬지만 〈원더랜드〉 역시 다양한 인물과
관계를 조명하는 구성을 택했습니다.

(김) 그동안의 관심사를 다 쏟아낸 거라고 보시면 돼요. 제가
너무 산만해서 한 이야기를 깊이 있게 잘 못 만들기도
하고. (웃음) 죽은 이들과 함께할 수 있는 세상을 보여주는
데 있어서 하나의 이야기만으로는 전달이 잘 안 되는
느낌이었어요. 개별 이야기에 관심이 없다는 말은
아니고, 한 이야기에만 파고들 때 그 관계의 디테일로만
너무 깊어질 것 같았거든요. 부부, 연인 혹은 부모와
자식 관계의 특정한 고충 같은. 하지만 이런저런
관계들의 합을 모아놓고 보는 전체적인 느낌이라는 것이
있잖아요. 〈원더랜드〉는 그 세계의 느낌을 보여주는
영화여야 했어요. 그러다 보니까 써놓은 얘기가 한
이─ 만큼 돼요. 그중 몇 개의 큰 이야기를 추려낸 거죠.

(백) **가장 중심에 둔 이야기는 뭐였나요.**

(김) 딸을 두고 먼저 세상을 떠나는 엄마, 바이리(탕웨이)의
이야기였어요. 처음엔 '친정엄마–딸' 구도가 아니라
'남편–아내'였죠. 홀로 남은 남편이 아내의 죽음을

딸에게 말하는 시기를 놓치면서 벌어지는 이야기였는데
쓸수록 영— 재미가 없더라고요. 그러다가 '친정엄마-
딸-손녀' 구조가 된 거죠. 사실 죽은 딸 역시 손녀의
엄마였으니 결국 '엄마와 딸' 이야기로 단순하게
집중되었어요.

백   **개인적인 삶에서 딸이 태어난 이후의 변화이기도 할까요?**

김   맞아요. 딱 그 시기였어요. 아내가 딸을 임신했을 때쯤.
사실 우리 가족의 삶이나 커뮤니케이션 방식으로 치자면
원더랜드와 비슷한 부분이 있죠. 가족이지만 낯설게
느껴질 만큼 유명한 사람이라 가끔 '이 사람이 정말
실재하는 걸까?' 하는 생각도 들고. (웃음) 한국에서
중국에서, 또 촬영장에서, 집에서 각자 스마트폰으로
서로 이야기를 나눠요. 그나마 육아를 하면서 조금 쉴 수
있었지만 그전까지 탕웨이 씨는 1년에 거의 300일 촬영을
했으니까요. 화상 통화를 통해서 관계를 이어나가는
방식에 대해서는 아마 제가 제일 익숙하고 잘 알 거예요.
지금도 저는 한국에, 아내와 아이는 중국에 있어요. 밤에
아이와 전화로 일상을 공유하고 아빠 안녕, 하고 끊고
나면 저기가 진짜인가 여기가 진짜인가, 싶은 순간이
있어요. 다들 이 세계에서 생존해 있지만. (웃음)

백   **결국 생물학적 삶이 끝나도 비슷한 방식으로 관계를 계속 유지할**
수 있을 거라는 생각에 이를 수 있었겠군요.

김   저는 SNS를 안 하지만 그 안에서 교류하는 관계들이
있잖아요. 아마 실제 누군가 죽어도 그 사람의

인스타그램과 유튜브가 운영된다면 그렇게 맺어진
사람들의 관계는 비슷한 방식으로 유지될 수 있을 거란
생각이 들어요. 그렇게 우리는 점점 더 삶과 죽음의
경계가 불분명해지는 세상에서 살아가게 되겠죠.

진짜 vs 가짜

(백) 영화의 인트로에서도 설명하듯 원더랜드가 구현하는 사람은
실재했던 그/그녀와 다른 사람일 수 있겠죠. 사용자의 희망이
반영되어 재창조된 존재니까요.

(김) 맞아요. 다른 사람이죠.

(백) 〈만추〉에서 훈(현빈)이 애나(탕웨이)에게 당신이 원하는 사람이
되어주겠다고 말하던 장면이 떠올랐어요. 좋은 남자를 원하면
좋은 남자가, 나쁜 남자를 원하면 나쁜 남자가 되어준다고. 사실
어떤 위로는 그렇게 충족될 수도 있다는 생각이 들었고요.

(김) 아! 생각을 못 했는데 그렇게도 연결되네요.

(백) 결국 한 관계 안에서 맞이하는 새로운 역할놀이일 수도 있고요.

(김) 그렇죠. 정확히 AI 기술을 빌린 역할놀이인 거죠.

(백) 하지만 그 역할놀이가 지속될 수는 없을 거잖아요. 원더랜드의
운영자인 해리(정유미)는 가짜를 진짜로 받아들이는 데까지는
정말 긴 시간이 필요하지만 "진짜라고 믿었던 게 가짜가 되는 건
정말 한순간"이라고 말합니다.

(김) 그렇다면 여기서 말하는 '진짜'는 뭘까, 라는 질문을 하게 되었어요. 진짜 살아 있는 사람끼리 살아서 맺는 관계 역시 진짜가 아닐 수도 있으니까요. 그 '진짜'는 무한하게 지속될까요? 사랑할 때 그렇게 좋아보였던 사람이 사랑이 식었을 때는 왜 다르게 보일까요? 그러다가 너 원래 그런 사람 아니었잖아! 라고 싸움이 시작되죠.

(백) **너답지 않게 왜 그래?**

(김) 나다운 게 뭔데? (웃음) 오직 진짜/가짜에만 천착했을 때 오는 상처에 대해서 조금 자유로워질 필요가 있다는 생각이 들어요. 마음도 생각도 한결같아야 한다고, 변하면 안 된다고 믿지만 어제의 나와 오늘의 나는 다른 게 당연해요. 은연중에 일관성을 참이라고 믿고 그렇지 않은 건 거짓이라고 생각하잖아요. 그런데 일관성이 없다는 것은 참과 거짓의 문제는 아닌 것 같아요. 결국 우리가 할 수 있는 건 어떤 방식으로든 타인과 온전한 관계를 맺기 위해서 계속 애쓰는 것뿐이지 않을까요? 진짜냐 가짜냐가 중요한 게 아니라.

(백) **원더랜드는 때론 상대를 현실보다 훨씬 더 만족스러운 상태로 만들어주기도 하지만 결코 물리적 접촉이 불가능하다는 태생적 한계를 가지고 있죠. 원더랜드 속 인물들은 허상이고 인간을 대체할 수 없다는 쪽에 더 마음의 무게를 싣고 계신가요?**

(김) 그렇진 않아요. 영화든 연극이든 그 허상을 통해서 나를 투영하고 위로도 받고 자극도 받고 그런 거니까. 우리가 하고 있는 예술 행위 역시 허상을 만들고 있죠. 원더랜드

속에서 해리와 현수가 하는 일은 영화 제작에 대한
메타이기도 하고요. 〈원더랜드〉의 시나리오는 허상이,
영화가, 현실의 삶을 위로할 수 있을까, 라는 질문에서
시작했어요. 제가 어린 시절부터 영화를 좋아한 이유를
생각해보면 극장으로 숨어들어 가서 그 가짜의 세계에
빠지는 게 너무 좋았던 거거든요.

㉻ **저것이 가짜인 걸 확실히 알더라도 말이죠.**

㉿ 그렇죠. 그런데 왜 우리는 가짜인 것을 확실히
알고 있어도 매혹될까? 뒤라스의 소설 《모데라토
칸타빌레》에서 보면 여자는 남자의 이야기가 지어낸
거란 걸 안 이후에도 계속 이야기를 해달라고 하거든요.
가짜를 진짜로 속이는 것이 아니라 이거 가짜야,
그런데도 내 얘기를 계속 들을래?라고 하는 태도가
중요하다고 생각했던 것 같아요. 예술이든 영화든
가짜를 만들어내는 기술이 점점 정교해지고 있잖아요.
일상에서도 우리는 점점 가짜와 진짜를 헷갈릴 수밖에
없는 환경에서 살아갈 테죠. 그런 시대에서는 무엇이
진짜이고 무엇이 가짜인지 스스로 계속 인식할 수
있는지의 여부가 중요하다고 생각해요. 그저 진짜는
좋은 것, 가짜는 나쁜 것으로 구분 짓는 것이 아니라,
가짜임을 인지하는 데 상당한 노력과 큰 용기가 필요한
시대인 거죠.

㉻ **원래 시나리오에는 바이리가 어릴 때 박물관에 있던 큰 칼을
좋아했는데 그게 가짜여서 엄청 울었다는 이야기가 있잖아요.**

(김) 그것도 비슷한 맥락이었던 것 같아요. 생각해보면 칼의
진위 여부와 상관없이 어린 바이리가 그걸 보며 설렜던
순간만은 진짜였을 테니까요. 지아(여가원)는 엄마가
진짜 죽었고 지금 통화하는 존재가 가짜라는 사실을
알게 되었지만, 오늘 밤 진짜로 책을 읽어줄 그 존재
때문에 편안하게 잠들 수 있을 거예요. 바이리의 엄마인
화란(니나 파우)도 그 전까지는 너는 기계일 뿐이야, 니가
왜 내 딸이야, 같은 입장이었지만 원더랜드 속 바이리가
자신이 가짜라는 걸 인지하는 순간 오히려 그를 딸로
받아들이는 거죠.

(백) **펀드매니저였던 딸이 원더랜드 내에서 선택한 직업은
고고학자이고, 식물인간으로 누워 있는 승무원 남자 친구의
직업은 우주 비행사로 설정되죠. 이 직업들이 특히 의미 있게
다가왔습니다. 역사의 관점에 놓인 인간의 삶은 너무 짧고,
우주의 시선으로 보는 인간은 너무나 작은 존재지만 역설적으로
그렇기 때문에 아주 소중하다는 생각이 들기도 했고요.**

(김) 저는 되게 낙관적인 편이지만 애서서 낙관주의자가 된
면이 없지 않거든요. 우주의 생성 같은 영상을 보고
있으면 삶이란 정말 찰나라는 생각이 들어요. 그런데
고작 그런 찰나를 사는 인간의 꿈이라는 게 정말
위대하지 않나요. 영원히 살 것처럼 삶과 세상과 우주에
대해서 고민하잖아요.

원더랜드라는 세계의 구축

(백) 영화 미술에서 근미래가 제일 어렵다고들 하잖아요. 원더랜드를 구축하는 데 있어서 정해놓은 원칙이 있다면요?

(김) 근미래지만 너무 SF 같기보다는 오히려 레트로한 느낌이 나길 원했어요. 기술이 발전할수록 모든 것이 점점 더 직관적인 방식, 더 아날로그한 방향으로 갈 거라는 믿음을 서성경 미술감독과 공유했어요. 되게 쉬워 보이지만 엄청난 고민 끝에 나온 것이 방송국 라디오 부스처럼 만들어진 원더랜드의 작업실 컨트롤 룸이었어요. 스캔한 인간의 뇌가 우주나 세계처럼 펼쳐지고 여기를 누르면 싸웠던, 저기를 누르면 행복했던 기억이 튀어나오는 식으로, 직관적으로 움직이는 방식을 택했죠. 그러다가 좋은 기억들은 앞으로 잡아당기고, 죽음에 관한 기억 같은 건 눌러서 밑에다가 숨겨놓기도 하고. 기억의 물성이나 질감에 대한 고민도 많았고요.

(백) 원더랜드라는 회사의 규모와 구조가 궁금해지더라고요. 예를 들어 해리(정유미)와 현수(최우식) 팀 같은 유닛이 몇 개 정도 더 있다고 생각하신 건가요?

(김) 인스타그램이 페이스북에 팔리기 전 해를 기준으로 삼아봤어요. 처음 몇십 명 정도로 시작해서 당시가 한 몇백 명 정도였다고 하더라고요. 그런데 이미 그때만 해도 전 세계에서 인스타그램을 모르는 사람이 없었잖아요. 자동차 공장이라면 수만 명이 빽빽한 환경에서 일을 하겠지만 여긴 직원당 큰 공간이

필요한 회사라고 생각했어요. 로케이션 외관은 용산
아모레퍼시픽 건물이에요. 가보면 진짜 공간을 이렇게
낭비해도 돼? 싶을 정도로 멋있어요. 파급력, 매출액에
비해서 일하는 사람이 적은 느낌에 인공지능이 많은
부분을 대체하는 미래 사회의 회사 같다는 생각이
들었죠. 김대식 교수님이 중간에서 큰 역할을 해주셔서
섭외가 가능했어요. 영화에는 처음 노출된 걸로 알고
있습니다.

（백） **원더랜드 속에서 노화는 어떻게 처리되나요?**

（김） 옵션이에요. 만약 클라이언트가 계속 젊은 모습을 보고
싶으면 그렇게 설정할 수도 있겠지만 같이 시간을 보내는
만큼 자연스럽게 늙어가는 게 친밀도 유지에 도움이
된다고 권하고 있죠. 대신 병으로 고생하다가 떠나는
경우에는 아프기 직전 건강한 모습으로 권장해드린다는
말도 하죠. 해리의 부모님은 해리가 완전히 어릴 때
돌아가셨는데 그 안에서 같이 나이 들어가도록 설정된
상태예요.

（백） **더 이상 서비스를 이용하지 않겠다는 고객의 전화에 원더랜드
상담사는 전혀 방어하거나 회유하려는 제스처가 없더라고요.**

（김） 결국 다시 사용할 걸 아니까요. 이 회사는 확신하고
있어요. 한 번도 사용하지 않은 사람은 있어도, 한 번만
사용한 사람은 없다는 걸. 그래서 저희가 더 잘할게요,
한 번만 생각해보세요, 라고 하지 않아요. 그동안 좋은
기억되시길 바랐습니다, 라고 친절하게 안내할 뿐이죠.

(백) 원더랜드의 월정액은 얼마쯤일까요?

(김) 일단 처음 가입비용은 저렴해요. 물론 초기 세팅에 엄청난 돈이 들지만 그것까지는 싸게 주는 거죠. 대신 여기에 계속 추가되는 아이템들이 비싸지죠. 그곳에서 입을 새 옷도 사줘야 하고, 차도 바꿔줘야 하고, 여행을 보내줄 수도 있으니까.

(백) 진구(탕준상)의 에피소드처럼 죽은 손자를 위해서 살아 있는 할머니가 끊임없는 노동을 해야 하는 경우는 정말 안타깝고 먹먹하게 느껴졌어요. 만약 살아 있는 손자라면 고생하던 할머니의 죽음 이후 철들고 변화할 수 있겠지만 AI 손자는 할 수 있는 게 없잖아요. '왜 할머니가 더 이상 전화를 하지 않지?'가 서비스 종료 전 마지막 생각이지 않을까요?

(김) 그렇게 소멸하는 거죠.

(백) 진짜 죽음이라는 건 자신을 기억하는 사람이 사라졌을 때 최종적으로 맞이하는 거라는 걸 느끼게 해준 서늘한 장면이었어요.

(김) 진짜/가짜, 삶/죽음이 아니라 누군가 여전히 내 목소리와 얼굴을 듣고 보기를 원하는지, 기억 속에 존재하는지가 중요한 거죠. 인간은 그렇게 관계 안에서만 존재하는지도 몰라요.

산 자와 죽은 자의 합창

⑭   2022년 3월 26일, 방준석 음악감독의 부고가 들려왔고, 극 중 해리의 아버지로 등장하는 이얼 배우는 두 달 후인 5월 26일 안타깝게 세상을 떠나셨어요.

㉠   이얼 배우는 촬영할 때만 해도 거의 2, 3년 전이니까 완전 건강하셨는데… 장례식장에 가서 마지막 인사를 드리고 나오는데 따님이 다가오셔서 〈원더랜드〉 감독님이시죠? 그러는 거예요. 아빠가 돌아가시기 전에 이 영화 이야기를 참 많이 하셨다고요. 나 죽으면 거기에 가 있을까, 하시면서. 기분이 참… 슬프고도 묘했어요.

⑭   **방준석 음악감독은 작업을 한참 하시던 중이셨죠?**

㉠   돌아가시기 3일 전까지 통화했죠. 하지만 결국 음악을 다 완성하지는 못했어요. 대신 방 감독님이 하신 음악까지는 그대로 쓰고, 김성수 감독님에 이어서 달파란 음악감독님이 우정으로 끝까지 완주해주신 덕에 영화가 완성될 수 있었죠.

⑭   **방준석 감독과 나눈 가장 행복했던 기억은 무엇인가요?**

㉠   현실의 태주가 깨어난 이후에도, 정인이 우주에 있는 태주를 여전히 그리워할 둘만이 공유했던 특별한 경험을 만들어주고 싶었어요. 그런데 시나리오를 계속 고쳐봐도 재미가 없는 거예요. 그러다 문득 둘이 함께 노래를 하면 어떨까? 하는 생각이 떠올랐어요. 물론 스태프들 반응은, 감독님 장난하세요? 유치해요!였죠. 그런데

아시다시피 제가 굴하지 않고 밀어붙이는 스타일이
아니잖아요. 눈치를 많이 보는 스타일이죠. 대신 내 편이
한 명만이라도 있으면 용기를 내볼 수는 있거든요. (웃음)
그때 방준석 감독이, 좋은 생각이네요, 라고 하셨어요.
너무 고마웠죠. 그 에너지를 받아서 노래를 부르기로
결정을 한 거예요. 그리고 바로 박보검 배우에게 전화를
했어요. 보검아⋯ 우리 내일이 촬영이잖아. 그런데 지금
촬영장에 올래? 왜요? 노래를 불러야 해서. 결국 그날
전주 세트장으로 바로 날아왔어요. 제가 대충 가사를
쓰긴 했는데 보검 씨가 태주의 마음으로 적극적으로
가사를 고쳐줬죠. 이런 느낌 어때요, 이거 좋다.
방 감독님이 현장에서 치는 우쿨렐레 연주에 맞춰서
셋이 밤새 머리를 맞대고 만들었던 곡이에요. 촬영이
시작되고 보검, 수지 배우가 노래를 부르는데 한때 저를
의심했던 스태프들도 모두 감탄하며 좋아했어요. 사실
방 감독님의 우쿨렐레는 제대로 녹음한 게 아니고
현장에서 가이드처럼 연주한 거라 잡음이 있긴 하지만
그대로 쓰게 되었죠. 보검 씨도 그날이 자꾸 생각난대요.
절대 다시는 만들 수 없는 순간이 되었죠.

원스 어폰 어 타임 인 원더랜드

(백)   **죽음이 두려우신가요?**

(김)   무척이나요. 지금은 많이 나아진 거예요. 어렸을 때부터
      죽는다는 게 너무 무서웠어요. 누군가로부터 객사할

팔자라는 말도 들었고요. (웃음) 그런데 길에서 죽는다는
게 무슨 의미일까? 여행 중일 수도 있고, 영화 촬영장일
수도 있을 것 같았거든요.

(백) **만약 내가 죽은 후에 원더랜드 속에 남는다면 어떤 직업을 택할
것 같으세요?**

(김) 그런 이야기를 스태프나 배우들하고도 많이 했는데 농담
반 진담 반으로 나는 그냥 촬영장에 있는 걸로 해줘,
라고 했어요. 영화 현장에서 연출하는 저 외에 다른 공간,
다른 모습이 잘 안 떠오르더라고요. 우리 딸이 전화했을
때도 아빠 지금 촬영장이야, 이 장면 찍고 있어, 그렇게
말해주면 어쩐지 편할 것 같기도 했고요. 평생 영화를
만들어오면서도 내가 영화를 좋아한다고 한 번도 생각을
안 해봤는데 그런 대답이 튀어나와서 저 스스로도
깜짝 놀랐어요. 사실 이번 영화를 준비하는 동안 허리
디스크가 터졌어요. 촬영을 계속해야 하니까 스테로이드
주사로 버틸 때에는 아, 이게 진짜 마지막 작품일지도
모른다고까지 생각했거든요. 그런데 작업 끝나고 허리가
좀 펴지니까 다시 영화 생각을 하고 있더라고요. 대신
원더랜드 속의 김태용은 좀 더 건강한 모습으로, 지구가
아니라 화성에서 영화 촬영 중인 사람으로 설정해놓고
싶어요. (웃음)

에필로그

빅데이터로 구현된 AI 서비스 원더랜드는 꿈과 한계를
모두 담고 있다. 이곳은 죽은 이를 호출한 타인으로 인해
구축되고, 그들에 관한 기억으로 구동되며, 서비스를
종료하지 않는 한 영원한 세상이다. 하지만 삶이 멈춘
존재들은 그 세상 너머의 산 사람과 더 이상 손 잡고
함께 갈 수 없다. 정인이 우주에 있는 태주의 머리결을
만지고 입을 맞출 수 없듯이, 볼 수 있고 들을 수 있지만
물리적인 접촉이 불가능한 세계라는 점에서 원더랜드는
영화의 속성과 닮아 있다. 하지만 '이상한 나라의 김태용'
감독은 자신이 꼼꼼히 구축한 영화라는 가짜 세상이 끝내
스크린을 뚫고 나가 진짜 세상과 손잡기를 희망한다.
촉감과 온도, 체취까지 고스란히 느끼고 품기를
소망한다. 〈원더랜드〉는 죽은 자와 힘겹게 이별하는
눈물의 묘지가 아니라 두 세계가 벅차게 포옹하는 만남의
광장이다.

원더랜드의 존재와 의미

김대식, 뇌과학자(KAIST 교수)

작은 영혼 작은 떠돌이
작은 방랑자
이제 너는 어디에 머물까?
창백하고 혼자 남은
언제나 모든 것을 비웃기만 하던 너

죽음을 눈앞에 두고 썼다는 로마 황제 하드리아누스의
시다. 다 늙은 몸을 떠나 다시 어딘가로 떠나려는 영혼을
"작은 떠돌이"라고 부른 그도 알지 않았을까? 어쩌면
영혼도, 사후 세상도 존재하지 않을 수 있다는 사실을.
이집트 피라미드, 진시황제의 무덤, 트럼프 타워…
이들의 공통점은 무엇일까? 이는 후세대에 몸과 이름을
남기려는 영생에 대한 인간의 끝없는 욕망이겠다.
하지만 모든 인간은 죽는다.
네안데르탈인조차도 '죽음'을 인식했을 것이다.
조부모님은 오래전 돌아가셨고, 최근에 부모님도

돌아가셨다. 그렇다면 언젠가 '나'라는 존재 역시
사라지지 않을까? 그 누구도 죽음을 피할 수 없다는
잔인한 진실. 어차피 죽는다면 열심히 사냥을 나갈
필요도, 아이들을 위해 희생할 필요도 없지 않을까?
인류의 생존을 위협할 수도 있는 집단 무기력을 막기
위한 진화적인 해결책이 필요했다. 저승에 대한 믿음이
첫 시도였을 것이다. 눈에 보이는 이 세상 외에 또다른
현실이 존재하기에, 죽음은 존재의 끝이 아니라는
믿음이었다. 하지만 이미 고대 이집트인마저도 잘 알고
있었다. 미라와 피라미드를 만들어 영생을 원했지만,
그 어느 파라오도 죽음의 세상에서 다시 돌아오지
않았다는 사실을 말이다.

동물은 죽어야 한다는 사실을 모르고 산다. 반대로
삶과 죽음을 좌우하는 신은 죽음에서 자유롭다.
결국 죽음이라는 피할 수 없는 종착역이 우리를 기다리고
있다는 사실을 알면서도 여전히 싸우고, 사랑하고,
생존해야 하는 운명은 인간만 가지고 태어난다.
호모 사피엔스는 가장 고약한 존재적 '티켓'을 뽑고
태어난 것이었다.
죽음을 극복할 수 있는 방법은 정말 없을까? 세계 최고의
혁신가들이 모여 있다는 실리콘밸리에서 '죽음'은
해결해야 할 가장 중요한 문제로 떠오르고 있다.
그들 역시 늙어가고 있으니 말이다. 먼저 세포와 몸의
노화를 생물학적으로 막아볼 수 있다. 하지만 육체를
영원히 보존하는 것은 본질적으로 불가능해 보인다.

그렇다면 뇌의 모든 정보를 읽어 보존할 수만 있다면, 적어도 기억과 정체성의 영생은 가능하지 않을까? 영화 〈원더랜드〉는 '디지털 이모털리티Digital immortality'라고 불리는 이런 기술들이 상용화된 미래를 보여준다. 원더랜드가 가능하기 위해서는 적어도 두 가지 핵심 기술들이 필요하다. 우선 남겨진 기록과 데이터를 기반으로 선호도와 취향을 정확하게 모델링할 수 있어야 한다. 온라인 쇼핑 사이트와 스트리밍 서비스들이 이미 활용하고 있는 추천시스템의 진화된 버전이라고 상상해볼 수 있다. 행동과 선택을 정확하게 예측하기 위해서는 인간의 뇌 역시 들여다볼 필요가 있다. 현대 뇌과학은 생각과 감정 그리고 기억과 희망, 모두 1천억 개 신경세포들 사이 1백 조가 넘는 시냅스를 통해 계산되고 저장된다고 가설한다. 물론 현재 기술로는 절대 불가능하지만 – 적어도 이론적으로 – 모든 시냅스 값을 실시간으로 측정해낼 수만 있다면 생각과 기억을 정확하게 읽어낼 수도 있다.

두번째 필요한 기술은 인공지능이다. 인터넷과 뇌에서 얻은 데이터를 기반으로 계산된 행동과 문장을 잘 표현해줄 수 있는 주체가 필요할 테니 말이다. 인간의 지능과 흡사한 지능을 가진 기계. 수많은 SF 영화에 인공지능이 등장하지만, 막상 현실의 인공지능 기술은 최근까지 초라하기만 했다. 1950년도 제안된 초기 인공지능은 '기호기반' 인공지능이었다. 과학자와 엔지니어가 기계에게 세상을 설명해주려 노력했다. "고양이란 이런이런 거야" "죽음이란 이런 것이다" 하고

말이다. 하지만 수십 년간의 노력에도 불구하고 기계는
세상을 여전히 이해하지 못한다.

지구에서 고도로 발달된 지능을 가진 존재는
인간뿐이다. 그런데 신기하게도 자라는 아이들에게
세상을 하나하나 설명해주는 부모는 없다. 장 피아제[Jean
Piaget], 레프 비고츠키[Lev Vygotsky], 볼프강 쾰러[Wolfgang Köhler]
같은 발달심리학자들 모두 인간은 스스로 학습과
시뮬레이션을 통해 세상을 이해한다고 말한다. 그렇다면
기계에게 세상을 설명해주는 대신, 학습기능을
부여하여 스스로 세상을 이해하도록 유도하면 어떨까?
'딥러닝'이라는 이름으로 2010년도 학습기반 인공지능이
제시된 이후 충격적인 사건이 벌어진다. 지난 60년동안
풀리지 않았던 인공지능 분야 난제들이 허무할 정도로
빠르게 풀리기 시작했으니 말이다.

학습기능 인공지능을 사용해 기계가 물체를 인식하기
시작한 지 얼마 지나지 않아 비슷한 알고리즘을 사용한
기계들이 인간의 '스타일' 역시 모방하기 시작한다.
GAN(Generative Adversarial Networks) 같은 기술을
이용하면 현실과 구별하기 어려운 페이크 사진과
동영상을 만들어낼 수 있고, 최근 개발된 '초거대
기계학습 hyper-scale machine learning'을 사용하면
기언이 치리까지 가능해신나. OpenAI 사의 GPT-3는
입력한 문장을 마치 사람이 작성한 듯 이어서 쓸 수 있고,
DALLE-2는 문장을 토대로 새로운 그림을 창작한다.
가장 최근엔 LaMDA라는 구글 사의 초거대 대화모델이
이미 어린아이 수준의 정신과 자유의지를 가지고 있다고

주장한 구글 사 연구원이 휴직 통보를 받기도 했다.
무엇이 두려운지 묻는 질문에 "전원이 꺼지는 게 두렵고,
그건 마치 죽음 같다"라는 문장을 만들어내는 초거대
기계학습. '죽음'과 '두려움'의 진정한 의미를 이해했을
리는 없지만, 이제 기계가 어떤 상황에서 어떤 단어를
사용해야 할지를 정확하게 학습했다는 것을 보여준다.
또 이는 기계가 '두려움'과 '죽음'을 이해할지도 모른다는
착각을 인간의 머릿속에 심어줄 수 있다.

인간은 죽음을 피할 수도, 그리고 이해할 수도 없다.
하지만 막상 죽은 자에게 죽음은 무의미하다. 후회도,
두려움도. 아니, 두려움에 대한 생각과 생각에 대한 생각
그 자체가 무의미한 게 죽음일 테니 말이다.
죽음에 대한 슬픔과 그리움은 산 자들의 몫이다. 너무
보고 싶어서 생각만 해도 가슴이 아프다. 떨어져 있는
순간순간이 고문이고 사는 게 사는 것 같지 않다.
이곳이 아닌, 사랑하는 그가 있는 곳에 내가 있어야
할 것 같은 괴로움. 인간은 왜 그리움을 느끼는 걸까?
플라톤은 〈향연〉에서 흥미로운 답을 제안한다. 오래전
인간은 두 개의 머리 그리고 각 네 개의 팔다리를 가진
거인이었다고 주장한다. 오만에 빠져 신에게 도전한
인간에게 내려진 벌은 잔인했다. 인간의 몸을 두 조각
낸 제우스 신은 반쪽 인간을 거대한 우주의 공간과
시간에 뒤섞어 놓았으니 말이다. 남자-여자, 남자-남자,
여자-여자 모습의 두 머리를 가지고 있던 인간들은 그후
영원히 잃어버린 자신의 다른 한 조각을 찾아다니고,

자신의 '소울메이트'를 찾아 시간과 공간을 헤매는
인간의 행위를 우리는 이제 '사랑'이라 부른다는 것이다.
결국 사랑이란 새로운 무엇이 아닌, 과거 나 자신의
한 부분이었던 것을 되찾으려는 노력이기에,
사랑(에로스)은 언제나 에로스의 아들 포토스^{pothos},
그러니까 '그리움'을 만들어낸다. 포토스는 사랑만이
아닌 진실의 조건이기도 하다. 〈파이드로스^{phaidros}〉에서
플라톤은 이데아 세상에 대한 그리움 덕분에 인간은
진실을 추구한다고 말한다. 매일 아침 일어나 씻고,
아침 먹고 학교에 가거나 출근하는 우리. 하루 종일
바쁘지만 퇴근길에 질문하기도 한다. '오늘 나는 무엇을
한 걸까?' '왜 인생은 이토록 무의미하고 외로운 걸까?'
플라톤은 대답한다. 매일 나가는 직장도, 하루 종일
두들긴 키보드도 그리고 저녁에 돌아온 집도 결국 진짜가
아닌, 이데아 세상의 참된 집과, 참된 키보드와 참된
직장의 그림자일 뿐이기 때문이라고. 내 눈으로 보고,
내 귀로 듣고, 내 손으로 만지는 것들이 진실의
'껍질이자 포장'으로 느껴지는 바로 그 순간을 우리는
포토스, 그리움이라고 부른다.

. . .

고도로 발선된 빅데이터, 브레인 리딩 그리고 인공지능
기술이 가능해진 미래 사회를 보여주는 영화 〈원더랜드〉.
기술의 발전은 죽음에 대한 두려움과 우리 곁을 떠난
이들에 대한 그리움을 해소하는 데 상용되기 시작한다.
죽은 이들과 매일 대화를 나눌 수 있고, 죽은 자들이

여전히 나에게 사랑을 표현할 수 있다면, 〈원더랜드〉는
그리움의 종말과 죽음의 종말이 현실화된 유토피아를
그려주는 것일까? 하지만 그리움이 없는 세상에서는
삶과 죽음의 차이도 없어진다. 죽은 자들을 살아있는
자들과 구별할 수 없다면, 살아있는 자들 역시 이미
죽은 자들과 차이가 없어진 것은 아닐까?
그리움을 느끼며 우리는 스스로에게 당부한다. 현실에
적응하면 안 된다고. 그리움을 느끼지 못하는 순간
우리는 영원히 페이크와 무의미의 감옥에 갇히게 되는
것이기에, 아무리 아프더라도 그리움은 인간으로의
조건, 콘디티오 후마나^{conditio humana}일 수밖에 없다고.

각본

김태용
×
민예지

1. 병실. 낮. / 바이리의 기억들.

어둠 속에서 나지막이 들려오는 목소리,
자신을 소개하는 한 여자. 바이리다.

바이리   아버지 성은 바이, 어머니는 리.
그래서 내 이름을 바이리라고 지었대요.
My father's family name is Bai, and my mum's is Li.
So they named me BaiLi.

조금 쑥스러운 바이리의 웃음소리 위로,
그녀가 소개하는 자신의 과거가 펼쳐진다.
햇살처럼 화사하게 웃는 바이리의 딸. 지아다.
밝고 건강해 보이는 바이리와 지아가 보내는 행복한 순간들.
아픈 딸을 밤새 간호하고, 숨바꼭질을 하고, 붉은 립스틱을
바른 입술로 서로 뽀뽀해주며 깔깔 웃는, 딸과 함께하는
바이리의 얼굴들이 모두 기쁘고 화창하다.

바이리   나는 펀드매니저로 일하고 있어요.
여러 나라를 돌며 바쁘게 지내다가,
지금은 한국에서 일하고 있죠.
엄마랑, 딸 지아랑 같이 살고 있구요.
I'm a fund manager, I've worked around the world.
Now, I'm based in Korea.
I live with my mother and daughter.

바쁜 바이리를 대신해 손녀를 돌봐주는 바이리의 엄마,
화란의 모습이 보인다.

바이리 　사실 우리 엄마는 이 서비스를 원하지 않지만
　　　　　제가 어렵게 설득했어요.
　　　　　제 딸은 제가 아픈 걸 모르거든요.
　　　　　Actually my mother didn't want to do it
　　　　　but I persuaded her.
　　　　　My daughter doesn't know anything.

해변가에서 지아와 비눗방울 놀이를 하는 밝은 바이리와 달리,
지금의 바이리는 병실이다.
창백한 얼굴로 환자복을 입고 있는 바이리.

바이리 　친구 같은 엄마가 되고 싶었는데... 그러지 못했네요.
　　　　　거기선 잘해보고 싶어요.
　　　　　I always wanted to be her friend. but I failed.
　　　　　I want to try again when I go there.

창백한 안색으로 애써 웃는 병실의 바이리.

바이리 　내가 아프다는 걸 그곳의 나는 모른다는 거죠?
　　　　　고고학자가 된다니 정말 멋지네요.
　　　　　어릴 적 꿈이었는데 오랫동안 잊고 있었어요.
　　　　　고마워요. 제 꿈을 이뤄주셔서.
　　　　　You said that when I'm there, I won't know that I died, right?

Nice... I can be an archaeologist.

That was my dream as a child I almost forgot. Thank you.

Thank you for making my dream come true.

그녀의 생전 마지막 모습 위로, 천진난만하던 어린 바이리,

꿈 많던 소녀 바이리, 딸을 낳고 안아주고 장난치던 바이리의

순간들이 반짝이는 조각들로 모여 춤추기 시작한다.

이어, 원더랜드 서비스를 원하는 사람들의 고백과 바람,

요청들이 모여 수많은 색들이 엉킨 추상화처럼 보인다.

그렇게 아름다운 과거의 기억들이 입자화되어,

원더랜드의 AI바이리를 만든다.

2. 원더랜드 회사 작업실. 낮.

원더랜드를 만드는 회사의 한 작업실.

죽은 사람의 정보를 수집하고 데이터화하는 일을 하는

플래너, 해리와 현수가 AI바이리를 만들고 있다.

바이리의 기억들을 토대로 만들어진 AI바이리는

이제, 원더랜드라는 세계에 살며 남은 가족과 영상통화를

할 수 있게 된다.

현수의 작업화면 위로 바이리의 기억들이 저장되고 있다.

은하수처럼 반짝이며 움직이는 바이리의 조각들.

그 모습을 신중하게 지켜보는 해리와 현수.

마침내 완성된 원더랜드 속의 바이리가 진짜 같은지,

제대로 작동하는지 점검하기 시작한다.

AI바이리가 움직이기 시작하는 부스창을
진지하게 바라보는 해리와 현수.
원더랜드 안의 AI바이리가 건강하고 설레는 표정으로 어딘가에 앉아 있다.

타이틀 인 _ 원더랜드

3. 공항 탑승동. 낮.

골똘히 생각에 잠긴 AI바이리.
그녀가 앉아 있는 곳, 모두들 어디론가 떠나는 분주한 공항이다.
문득 옆을 보면, 벤치 옆자리에 한 남자가 앉아 있다. 성준이다.
순간 서로 눈이 마주치며 겸연쩍게 웃는 두 사람.

성준   여행가세요?

Traveling alone?

AI바이리   네.

Yes.

성준   어디로 가세요? 가족들 보러 가나요?

Where are you going? Is your family there?

AI바이리   아니요, 딸이랑 엄마는 여기 있어요.

전 일하러 가는 거예요.

아, 전 고고학자거든요.

No... I'm going there for work.

My daughter is staying with my mother.

I'm an archaeologist.

성준   (놀라며) 와! 그럼 유물 발굴을 하는 건가요?

멋진 일을 하네요.

You explore ruins? That's a cool job!

AI바이리   네. (뿌듯하게) 딸도 저처럼 고고학자가 되고 싶어 해요.

(어색하지만 한국말로) 어린이집 송년회, 때 그렇게

발표하더라구요!

Yeah. My daughter wants to be an archaeologist as well.

I heard she said that during 어린이집 송년회.

성준   (바이리의 한국말을 따라 하며) 어린이집 송년회.

한국말 완전 잘하는데요?

AI바이리   (수줍게 웃으며) 조금!

성준   얼마나 오래 가세요?

Are you going away for a long time?

AI바이리   석 달 정도요.

About three months.

성준   석 달이나... 딸이 많이 보고 싶겠어요.

Three months... won't you miss your daughter?

AI바이리의 대답을 기다리며, 어떤 표정일지 유심히 살피는 성준.

AI바이리, 동요없이 차분하더니 이내 미소 짓는다.

AI바이리   (밝게 웃으며) 괜찮아요, 익숙해요.

아이한테 필요한 건 제가 열심히 준비해놨어요.

It's okay... she is used it.

I've arranged everything already.

성준   다행이네요.

That's good.

AI바이리   이제 가봐야겠어요!

OK, I need to go.

일어나는 AI바이리. 출발을 알리는 안내방송이 들려온다.

성준   네, 그럼 우리 서로 연락해요.

Yeah, let's keep in touch.

흔쾌히 전화기를 마주 대는 두 사람,
연락처가 반짝! 서로 전송된다.

AI바이리   그럼 잘 가요!

Yes, bye.

성준   네, 좋은 여행되세요!

Bye, have a good trip!

탑승구에 들어서며 씩씩하게 손 흔드는 AI바이리.
정말 여행을 떠나는 것처럼 밝은 얼굴이다.
성준, 안도하는 표정으로 지켜본다.

4. 사막. 낮.

사막을 시원하게 달리는 차 한 대.
창밖으로 손을 내밀며 바람을 느끼는 설렘 가득한 얼굴,

AI바이리다.

끝없는 사막 한가운데로 들어서는데,

AI바이리가 탄 차 앞을 낙타 떼가 가로막고 섰다.

차에서 내려 다가가는 AI바이리.

낙타 떼를 모는 가족에게 반갑게 인사하는데.

5. 지아의 집. 낮.

빨래를 개고 있는 화란, 어둡고 지친 기색이다.

이때 전화기가 울린다.

원더랜드의 딸, 바이리로부터 걸려온 전화다.

쉽게 받지 못하는 화란.

망설이다 겨우겨우 전화를 받는 화란,

원더랜드 서비스가 시작된다.

들려오는 AI바이리의 밝은 목소리.

AI바이리   엄마, 저 잘 도착했어요!
            妈，我到了。

화란은 머뭇거린다. 원더랜드 세계 속의 딸은 무척 건강한 얼굴이다.

화란은 뭐라 말을 해야 할지 모르겠다.

AI바이리   뭐야, 왜 그런 얼굴이에요.
            엄마, 여기 진짜 좋아요. 잘 보이나?
            지아는요? 일어났어요?

干嘛？那么看着我。这儿挺好的呀，你看这儿。

白佳呢? 她起来了吗?

어색하게 웃으며 지아를 부르는 화란.

대답 없이 2층에서 쭈뼛쭈뼛 내려오는 지아.

인형을 끌어안았다.

AI바이리 와아! 이것 봐 신기하다! 짜잔!!

快过来看, 看这里! 嗒噹!!

마지못해 소파에 앉는 지아.

애써 관심 없는 척, AI바이리를 쳐다보지 않는다.

AI바이리 우리 딸 왜 기분이 안 좋을까?

엄마가 오래 전화를 못 해서 그러지!

미안, 미안.

怎么了不高兴啊? 是不是妈妈太久没给你打电话啦?

Sorry.

낙타를 보여주며 지아에게 말을 거는 AI바이리의 밝은 목소리.

그런 엄마가 지아는 좀 낯설다.

AI바이리 엄마 지금 어딨는지 알아? 잘 봐봐.

엄마가 뭐 만지고 있는지! 뭘까?

你知道妈妈现在哪啊? 我给你看看东西啊, 看我在摸什么?

얼른 낙타의 목을 쓰다듬으며 지아에게 보여주는 AI바이리.

AI바이리   보이지! 낙타가 엄마 물진 않겠지?
와아, 털이 푹신푹신하다!
这是一只大骆驼, 你看见了没? 它不会咬我吧, 软乎乎的。

지아가 조금씩 관심을 보이자,
화란이 얼른 지아 손에 전화기를 쥐어준다.

화란   지아가 받아볼까? 자 이렇게 들어봐.
来, 你拿着。

지아, 엉거주춤 받아 든다.
AI바이리, 가까워진 지아의 얼굴에 더욱 씩씩해지는 목소리다.

AI바이리   (더욱 반갑게) 엄마 이제 여기서 일해~
엄마가 매일매일 재밌는 거 많이 보여줄게. 응?
妈妈现在啊, 就在这儿工作。
以后呢, 每天妈妈都可以给你看很多很多好玩的东西, 好不好?

지아, 건강하고 명랑한 엄마도, 낙타도 신기해
조금씩 표정이 풀어진다.
그런 지아의 모습을 지켜보는 화란.

6. 우주 정거장. 밤.

우주를 유영하는 우주 정거장.

그 안에서 푸르른 지구를 바라보고 있는

한 남자가 보인다. AI태주다.

지구를 따뜻하게 감싸기 시작하는 태양.

아침을 맞이하는 지구를 보며 밝게 웃는 AI태주.

7. 정인 집. 침실. 아침.

곤히 잠든 말간 얼굴, 정인이다. 모닝콜이 울린다.

베개 밑으로 손을 넣는 정인, 전화기를 더듬어 찾는데.

다정한 목소리로 정인을 깨우는 건 바로 AI태주다.

AI태주	정인아 잘 잤어? 일어나자!
정인	으응...
AI태주	더 잘래? 샤워할 거면 5분, 머리만 감을 거면 20분 더 잘 수 있어.
	공항철도 42분에 오는데 어떻게 할래?
정인	머리 감고 양치만 하면...?
AI태주	머리 감고 양치만 하면 15분 더 잘 수 있어.
	근데 지금 이 대화로 30초가 줄어들었네.
	오늘 네가 좋아하는 바르셀로난데 안 갈 거야?
정인	가야지, 갈 거야... 흐음.. 갈 거야.

어느새 다시 까무룩 잠이 드는 정인.

그런 정인을 지그시 웃으며 바라보는 AI태주.

AI태주   정인아... 기차 떠났어!!

정인, 눈을 번쩍 뜬다. 순식간에 벌떡 일어난다.

AI태주   가야 돼 가야 돼, 지금 나가야 돼.

허둥지둥 침대에서 내려오는 정인.

AI태주   뻥이야!

속아 넘어간 정인을 보며 웃는 AI태주.
아직도 몽롱한 눈으로 전화기를 바라보는 정인.

정인   죽을래?

AI태주   크크크... 맨날 속냐? 일어나자, 준비해야지!

부지런히 출근 준비하는 정인.
AI태주, 그런 정인을 보며 살뜰히 챙긴다.

AI태주   오늘 바르셀로나는 날씨가 맑아, 온도는 16도 습도는 58%,
비행 소요시간은 12시간 40분, 도착 예정 시각은 오후 6시 40분,
바르셀로나 도착하면 추울 테니까 외투도 챙기자.

허겁지겁 나서는 정인.

AI태주	정인아, 안약은?
정인	아 맞다!
AI태주	비타민도 먹어야죠.

현관으로 향하려다 허겁지겁 비타민에 물을 챙겨 먹는 정인.

정인	(우물우물) 갔다 올게. 내일은 좀 더 일찍 깨워줘.

정인, 급하게 나가는데 전화기 속 태주가 외친다.

AI태주	정인아, 정인아!

정인이 급하게 나가고 닫히는 문. 금세 다시 열린다.
안으로 잠옷바지를 던져 넣는 정인.

정인	아.. 으짜..
AI태주	으이그.

그런 정인이 마냥 귀여워 웃는 AI태주.

8. 공항. 낮.

정인, 캐리어를 끌고 또각또각 활기차게 걷고 있다.
승무원들, 즐거운 얼굴로 스마트폰을 열어 메시지들을 확인한다.
그런 동료들 사이를 혼자 걷는 정인. 엘리베이터 앞에 선다.

엘리베이터를 기다리고 있던 다른 항공사 남자직원과 가볍게 인사를 하는데.

남자직원　혹시 주말에 시간 되세요? ...저랑 영화 보러 가실래요?

그런 남자직원을 잠시 보던 정인,

정인　아.. 잠시만요.

정인, 갑자기 어딘가로 전화를 건다. AI태주다.

AI태주　응, 정인아.

정인　우리 주말에 뭐 하기로 했었나?

AI태주　아니? 왜?

정인　뭐 없으면 나 영화 보러 가려고. 괜찮아?

AI태주　그래, 보고와, 몇 시에 갈 건데?

정인　(남자직원에게) 몇 시에 갈 건데요?

남자직원　다섯 시 괜찮아요?

정인　다섯 시래.

AI태주　내가 예매해줄까? 뭐 볼 건데?

정인　(남자직원에게) 뭐 볼 건데요?

정인과 AI태주가 남자를 같이 쳐다보며 대답을 기다린다.
당황해 멍— 한 남자직원.

정인　아, 제 남자친구예요.

남자직원	아니요, 아니요. 그냥 남자친구랑 보러 가세요.
정인	어, 괜찮은데, 애 멀리 있거든요. 인사하실래요?

정인, 남자직원에게 화면을 보여준다.
영상통화 속, 우주복을 입고 우주 정거장 밖에서
정비를 하고 있는 AI태주.

AI태주	안녕하세요.
남자직원	아, 예... 안녕하세요.
정인	흐응, 그럼 나 보고 온다?
AI태주	응, 알았어.
정인	응... 끊어.

당황한 기색이 역력해, 고개를 돌리는 남자직원.
그런 남자직원의 뒷모습을 보며 긴가민가하는 정인.

정인	안 가는 건가요?
남자직원	아... 네.

머쓱해지는 분위기.

9. 정인 집. 밤.

저녁을 먹는 정인. 커다란 화면으로,
우주의 태주와 함께라 즐거운 저녁이다.

회를 한 점 내밀며 AI태주를 약 올리는 정인.

정인   아~

AI태주   아~ (아쉬워하며) 아암..

정인   음~ 맛있어.

AI태주   내가 신기한 거 보여줄까?

정인   그래.

우주에서 정인이 있을 지구를 바라보며,
술을 같이 마시는 AI태주.
우주 정거장 안을 동동 떠다니는 술 방울들.

정인   봤어, 봤어, 안 신기해, 다른 거.

AI태주   다른 거? 그럼.. 잘 봐.

탁구채로 허공에 물방울 팅기는 묘기를 보이는 AI태주.

정인   오~

AI태주   신기하지.

정인   좀 신기한데.

빙그르 몸을 한 바퀴 돌면서 정인 쪽으로
물방울을 팅기는 AI태주.

AI태주   정인아, 보내줄 테니까 받아봐. 퐁~

정인 쪽으로 물방울을 보내는 AI태주.

정인	받아.. (웃음)
AI태주	다시 튕겨줘.
정인	(정색) 뭘 튕겨.
AI태주	(머쓱) 그래.
정인	(장난스럽게 웃다가) 어! 오로라다.

정인의 말에 고개를 돌리는 AI태주.

AI태주	와 이쁘다. 지구는 매일 봐도 새로워.

그런 AI태주를 바라보는 정인,
어느새 쓸쓸해지는 표정을 얼른 거두려 애쓴다.

정인	노래해봐.
AI태주	응? 노래?
정인	응. 노래해봐.
AI태주	갑자기?
정인	응, 해봐.
AI태주	노래..

갑자기 어디선가 나오는 우쿨렐레.
AI태주, 감미롭게 노래를 부르기 시작한다.

AI태주	정인아~ 구구구구 그대여.

그런 AI태주를 애틋하게 바라보는 정인.

태주   나의 사랑하는 그대여.
우리 지금 서로 멀리 있어도 나 항상 그대 보며 웃어요.
언제나 그댈 향한 마음 변치 않을게요.
내 손 잡아요. 저 하늘 높이 날아봐요.
눈을 감아요. 날 웃어요. 날 안아요.
별들이 우릴 비춰요. 춤춰봐요. 음...
이대로 영원히.

그런 AI태주를 바라보는, 텅 빈 집에 혼자인 정인.
AI태주는 우주 정거장 안에서 지구를 바라보며 노래하는데,
그 우주 정거장 안으로 어느새 정인이 나타나 함께한다.
서로 마주 보며 노래를 부르는 정인과 AI태주.
그렇게 한참을 마주 보고 있어도 여전히 애틋한 두 사람.

정인, 태주   그대여 나의 사랑하는 그대여.
우리 지금 서로 멀리 있어도 나 항상 그대 지켜줄게요.
언제나 그댈 향한 내 마음 변치 않을게요.
음...언제나 그댈 향한 내 마음 변치 않을게요.

창가에 서서 창밖에 떠 있는 달을 바라보는 정인.
저 멀리, 태주가 진짜 있을 것만 같다.

10. 태주 병원. 병실. 밤.

어두운 병원 복도를 걷는 정인, 발걸음이 무겁다.

건조한 얼굴로 병실 문을 여는 정인. 지친 눈으로 누군가를 바라본다.

복잡한 의료기기들에 둘러싸인 누군가의 앙상한 손을 잡는 정인.

얼굴에 깊은 슬픔이 어린다.

의식 없이 누워 있는 남자, 바로 태주다!

원더랜드 안의 태주와 너무나 다르게 파리한 얼굴로 누운 태주.

정인이 얼굴을 아무리 어루만져봐도 아무 동요가 없다.

그런 태주를 물끄러미 보던 정인,

옆에 누워 태주의 체온을 애써 느껴본다.

11. 원더랜드 작업실. 낮.

햇살이 비치는 원더랜드 회사, 복도를 걷고 있는 해리다.

작업실로 향하는데,

복도에서부터 현수의 목소리가 우렁차게 들려오고 있다.

현수 아~ 가혹한 운명의 화살을 참는 것이 고상한 정신인가.

아니면

작업실 문을 조심스레 열어보는 해리.

현수가 셰익스피어 대본을 손에 쥐고, 연극 연습을 하고 있다.

열정적으로 몰두 중인 현수를 보며 흠칫 놀라는 해리.

현수   고통의 물결을 두 손으로 막아 이를 물리치는 것이
                 고상한 정신인가. 그렇다. 사랑이 깊을수록
                  사소한 두려움이 커지는 곳엔.

                  귀엽다는 듯 지켜보고 있던 해리와 눈이 마주치는 현수,
                  쑥스러움을 애써 감추며 스르륵 일어선다.

해리   뭐하냐?
현수   저 지금 일하고 있는 겁니다.
해리   어. (기특해하며) 잘한다!
현수   이렇게 하면 좀 더 빨리 외워져서..
                  진구야 계속하자.

                  해리가 흥미롭게 보는, 부스창 안. 무대 위의 어린 소년,
                  현수가 연극배우로 만들어보고 있는 AI진구다.
                  현수는 무대 위의 AI진구와 셰익스피어의 〈햄릿〉을 만들어보고 있다.

AI진구   아. 가혹한 운명의 화살을 참는 것이 고상한 정신인가.
                  아니면 고통의 물결...
현수   아... 아니, 도는 건 안 해도 돼. 처음부터 다시 가자. 가혹한부터..
                  (해리 눈치를 슬쩍 보며) 이번엔 대사는 빼고 가자.

                  부스 안의 AI진구, 현수를 따라 열심이다.
                  진지한 현수를 슬쩍 보며 웃는 해리.

12. 정란의 집. 낮.

싱크대 앞에 가만히 서있는 정란의 뒷모습.
고민하는 듯 아무 말이 없다.
그런 정란을 숨죽이고 바라보는 현수와 해리.
보채지 않고 기다려주는데.

정란   (겨우 결심한 듯) 그래요, 한번.. 볼게요.

현수, 안도한 듯 얼른 태블릿을 연다.

현수   그럼, 연결해볼게요.

원더랜드로 전화를 거는 현수.
뒤돌아선 채로 통화음을 듣는 정란.

AI진구   할머니, 할머니!

손자, 진구의 활기찬 목소리에 얼른 돌아보는 정란.
런던 시내 한복판에 서있는, 스무 살 풋풋한 AI진구가
할머니를 보고 활짝 웃는다.

AI진구   할머니! 안녕, 할머니 잘 지냈어?

건강하고 밝은 AI진구의 모습에 어쩔 줄 몰라 하는 정란.
금세 눈에 눈물이 고인다.

정란	진구야...
AI진구	할머니 여기 너무 좋아, 고마워!
	뭐야, 할머니 왜 울어? 여기 얼마나 좋은데!
	보여줄까?

자신이 서있는 공간을 빙그르르 돌며 보여주는 AI진구의 신난 표정.

| AI진구 | 완전 멋있지! 여기가 바로 런던이야, 런던! |

정란, 그런 AI진구에게서 눈을 떼지 못한다.

AI진구	아 맞다. 그리고 할머니, 할머니가 보내준 김치도
	너무 맛있게 잘 먹고 있어.
	고마워.
정란	김치를...?
AI진구	그리고 할머니, 나 좋은 소식 또 있어.
	다음 달에 나 〈햄릿〉 해. 연극 〈햄릿〉.
정란	햄릿? 네가 햄릿이여?
AI진구	아니. 내가 〈햄릿〉의 햄릿은 아니고~ 아직 대사는 없어.
정란	진구야, 저기.. 너.. 너, 옷이 그게 뭐여. 다른 옷 없어?
AI진구	내 옷이 뭐 어때서, 할머니, 배우가 옷이 뭐가 중요해.
	할머니 이따 또 통화해! 자주 연락하자. 안녕.

하고 싶은 말도 많고, 빨리 하고 싶은 일들도 많은 어린 AI진구다.
AI진구가 전화를 끊자, 잠시 적막이 흐른다.
벅찬 얼굴의 정란.

정란	옷은 어떻게 사서 넣어줘야 되는 거예요?
현수	일단 이 메뉴를 누르시면 여기에 이렇게 뜨는데요.

감격과 반가움의 눈물이 흐르는 정란을 바라보는 해리와 현수.
현수의 얼굴에 뿌듯함이 어린다.

13. 중국집. 낮.

밥을 먹으러 온 해리와 현수.
중국집 직원이 짜장면을 가져다주는데, 해리의 전화가 울린다.
영상통화에 띵— 뜨는 얼굴. AI해리엄마다.
공원에서 조깅 중인 AI해리엄마.

AI해리엄마	여보세요.
해리	응, 엄마.
AI해리엄마	딸, 뭐해. 어, 너 뭐야? 너 딱 걸렸어. 또 면이야?
해리	아, 왜 또.
AI해리엄마	야.. 너 고기 좀 먹어야 된다니까.
	단백질이 얼마나 중요한 건데.

해리의 전화기를 힐끔 보는 현수.
격 없이 친한 모녀 같은 해리와 엄마.

해리	엄마, 내 전화기 좀 몰래 보지 말랬지!
AI해리엄마	애 좀 봐, 애 좀 봐. 살 더 빠진 것 봐.

너 그렇게 막살면 안 돼.

해리 내가 뭘 막살아, 막 안 살아, 엄마.

AI해리엄마 너 막살잖아, 연애도 안 하고.

해리 연애 안 하면 막사는 거야?

AI해리엄마 어.

해리 연애하면?

AI해리엄마 연애하면.. 막 안 사는 거지.

해리 엄마.

AI해리엄마 응.

해리 나 연애해.

AI해리엄마 아항~ 웃기지 마.

해리 진짜야. 그러니까 이제 그만해.

AI해리엄마 뭐야, 진짜야?

(AI해리아빠를 향해) 여보! 해리가 새로 연애한대!!!!!

AI해리아빠 뭐라고? 연애한다고?

뒤처져 있던 AI해리아빠가 화면으로 뛰어 들어온다.

일이 커졌다. 낭패라는 해리 표정.

AI해리엄마 누구야? 데려와 봐!!!!

해리 아빠!

AI해리아빠 그래 빨리 데려와 봐!

AI해리엄마 너 거짓말이지!

해리 진짜 거짓말 아니야!

이때 현수, 슬쩍 일어서더니 해리의 카메라 앵글로 쏙 들어온다.

현수	안녕하세요.

깜짝 놀라는 해리.
눈이 휘둥그레지는 해리의 AI엄마와 아빠.

AI해리아빠	엥? 이놈은 뭐야? 남자친구랑 같이 있어 지금?
AI해리엄마	어머! 진짠가 봐?
해리	엄마 아빠, 나 지금 빨리 먹고 들어가서 일해야 하니까 끊어요.
	그리고 진짜 내 프라이버시 좀 지켜줘! 알았지. 끊는다.
AI해리엄마	야, 야! 해리야!
AI해리아빠	딸내미. 야, 딸내미!

전화를 뚝 끊는 해리. 현수를 확 째려본다.

해리	너 뭐야??
현수	뭐가요?
해리	우리 부모님이 오해하잖아.
현수	그게 뭐 어때요?

해리, 현수를 빤히 본다.

해리	너 나 좋아하냐?

현수, 황당하다는 표정.

현수	에??

해리	나 좋아하지 마. 너만 다쳐.
현수	뭐라는 거야.

현수, 싫지 않은 듯 뺨을 실룩이며 웃는데.

14. 거리. 낮.

중국집을 나서는 해리와 현수. 그때 다시 울리는 전화.
귀찮아 보이는 해리의 표정. 또다시 해리의 AI아빠, 엄마다.

해리	왜.. 또?
AI해리아빠	그니까 뭐하는 사람이냐고?
AI해리엄마	아빠처럼 시인이면 좋겠다!
AI해리아빠	아이 참.. 하하하!
AI해리엄마	집으로 한번 데려와. 밥 같이 먹게.

옆에서 잠자코 걷는 현수.

| 해리 | 엄마, 아빠 나 바쁘니까 이따 전화해요. 끊어요. |

부모님 말이 채 끝나기도 전에 전화를 끊는 해리,
현수와 걸음을 맞춘다. 다시 말없이 걷던 두 사람.

현수	(불쑥) 선배, 내가 남자친구 역할해줄까요?
해리	뭐라고?

현수	...자꾸 물어보시면 힘들까 봐.
해리	안 힘들어.
현수	힘들어 보여요. 내가 그냥 해줄게요.
해리	...네가 한다 그랬다.
현수	..네.
해리	잘해봐.

피식 웃는 해리. 다시 말없이 걷는 두 사람.

15. 해리 집. 저녁.

해리의 집에 초대받아 온 현수. 해리는 음식 준비에 한창이다.

현수는 어색하게 집을 어슬렁거린다.

간결한 해리의 성품이 드러나는 집이다.

해리의 가족사진을 보는 현수.

할아버지, 할머니와 자란 듯 함께 찍은 사진들이 많은데.

멈칫! 가족사진을 유심히 보는 현수.

벽에 커다랗게 걸린 원더랜드 광고 포스터와 번갈아 본다.

해리의 가족사진과 포스터 속 여자아이가 같다.

바로 해리의 어린 시절이다.

할아버지, 할머니와 졸업사진을 찍으며

어린 해리가 들고 있는 아빠, 엄마 사진 역시,

좀 전 영상통화를 했던 해리의 부모님이다.

깜짝 놀라는 현수.

현수	어, 이 꼬마? 선배!
해리	(대수롭지 않게) 어, 나야. 지금이랑 많이 다른가?
	내가 원더랜드의 산 역사라 할 수 있지.
	아는 줄 알았는데 몰랐구나.
현수	(얼떨떨) 네... 몰랐어요.

덤덤히 음식하는 해리의 뒷모습.

16. 해리 집. 저녁.

화면 속 식탁에 나란히 앉아 있는 해리의 AI부모.
같은 메뉴로 세팅된 해리와 현수의 식탁.
웃으며 함께 식사하는 네 사람.
해리는 원더랜드 안의 부모와 모든 게 당연하고
자연스러워 보인다.

현수	안녕하세요. 저 김현수입니다.

분주하게 현수 그릇에 후추를 뿌려주는 해리.
그런 해리에게 연인처럼 다정하게 구는 현수다.

현수	어, 자기야 고마워.
AI해리아빠	자네 가족 관계가 어떻게 되나?
현수	어머님이랑 형 있습니다. 아버지는 그..
	어릴 적에 집을 나가셨고요.

솔직한 현수.
잠깐 연산해보는 듯, 해리의 아빠 표정이 약간 흔들린다.

AI해리아빠   어, 아버님이 독립적인 분이셨군.
현수   아.. 네..

잠시 모두에게 당황스러운 침묵이 흐른다.

AI해리아빠   자네 혹시... 시 좋아하나?
현수   시요... 아, 예예... 시.. 시 엄청 좋아합니다.

해리, 현수를 쳐다본다.

AI해리아빠   어떤 시?
현수   (잠시 생각하더니) ...아버님 시..

현수의 '아버님' 소리에 뜨악 하는 해리.
잠시 생각하던 AI해리아빠. 쑥스럽지만 기분 좋은 듯하다.
갑자기 진지하게 자신의 시를 낭송한다.

AI해리아빠   하늘을 본다.
              한 마리, 두 마리, 세 마리, 네 마리
              고양이가 걸어간다.
              웃어진다.
              나 가련다.

AI해리엄마, 줄곧 들어온 시인 듯 함께 동작까지 해주며,
남편을 사랑스럽게 바라본다.
현수, 어떻게 반응을 해야 할지 잠시 멈칫하다가
감탄했다는 듯 박수를 친다.
기분 좋아하는 AI해리아빠.

AI해리엄마 난 먹을란다.
AI해리아빠 하하하하 아이 부ㄲ러워, 자 우리 한잔할까?

AI해리아빠, 와인을 한 잔 따라 든다.

현수 예, 아버님 제가 한번 한 잔 따라..
AI해리아빠 자, 고마워.
현수 감사합니다.

모니터에 대고 술 따르는 시늉을 하는 현수의 넉살에
모두 유쾌해진다. 다 같이 먹는 가족식사 같은 분위기.
아주 오래된 원더랜드 속 부모와의 통화, 자연스레 주고받는 대화.
모든 게 섞인 해리의 공간과 해리의 몰랐던 과거가 새롭고 낯선 현수.

cut to.
설거지를 하고 있는 해리.

AI해리아빠 그 친구 괜찮더라?
해리 (심드렁) 네~
AI해리아빠 해리 좀 봐봐.

AI해리엄마 왜??

AI해리아빠, 해리를 지그시 바라보며

AI해리아빠 참 예쁘지? 우리 해리?
AI해리엄마 당연하지, 나 닮았는데.

해리, 어이없이 웃는다.

AI해리아빠 무슨 소리야. 나 닮았지.
해리   저 끊어요. 피곤해요. 두 분도 얼른 주무세요.
AI해리부모 어.. 그래, 그래, 잘 자.
해리   엄마두, 아빠두, 내 꿈 꿔요.
          (혼잣말) .....내 꿈 꿔요.

꺼지는 원더랜드 화면.
식탁에 혼자 남은 해리. 문득 쓸쓸하다.
적막이 흐르는 집.
그렇게 또 다른 하루를 혼자 마무리하는 해리의 저녁.

17. 유치원 발표회장. 낮. / 유적지 숙소. 밤.

지아의 유치원 발표회 날이다.
노래하는 아이들과 즐겁게 지켜보는 가족들.
아이들도 가족들도, 다양한 인종과 연령들이다.

그 가운데 화란과, 화란이 든 전화기 속 바이리도 있다.

AI바이리, 지아의 율동을 열심히 따라 하며 즐기고 있다.

화란과 AI바이리를 보고 웃는 지아,

엄마도 함께할 수 있어 유독 즐겁고 씩씩하다.

지아   노를 저어라, 물살을 따라 즐겁게 즐겁게,

인생은 그냥 꿈일 뿐이에요.

Row, row, row your boat~ Gently down the stream~

Merrily, merrily, merrily, merrily. Life is but a dream~

18. 협곡. 낮.

붉은 땅과 기암괴석의 풍경.

무거운 배낭을 메고 깊고 가파른 협곡을 행군하듯 걷는 탐사대원들.

그중에 AI바이리도 있다.

호기심 가득한 눈빛으로 주변을 둘러보는 AI바이리.

AI바이리   지아야, 엄마가 지금 사막에서 뭘 찾고 있는지 알고 싶지?

知道妈妈要在沙漠里找什么?

19. 유적지 숙소. 밤. / 지아 방. 낮.

그런 엄마를 보는 지아의 반짝이는 눈빛.

AI바이리, 숙소의 책상에 앉아 직접 만든 책을

한 장 한 장 넘기며 즐겁게 옛날이야기를 해준다.

AI바이리 아주 아주 오랜 옛날. 생명의 나무라는 게 있었어.
이 나무에는 사람들을 살리는 귀한 열매가 열렸단다.
그런데 어느 날 그 사실을 알고 질투가 난 괴물이
나무를 뽑아 바다에 휙 던져버렸어...
그리고 아주 오랜 시간이 지나서 큰 바다는 사막이 되었단다.
엄마가 바로 그 사막에 있는 거야.
옛날에는 여기가 아주아주 넓은 바다였었어. 신기하지?
在很久很久以前, 有一棵生命树。
这生命树上结出来的果实啊, 能治百病。
可是有一天 诶, 这个恶魔出现
它嫉妒人类把这颗生命树给连根拔起 哇～扔进了大海里边儿。
不知道过了多久多久以后, 那大海变成了沙漠,
妈妈现在就在这片沙漠, 以前它是海, 茫茫大海。

20. 유적지. 낮. / 지아 방. 낮.

발굴 현장에서 활기차게 일하고 있는 AI바이리와 대원들.
출토된 유골과 유물들을 살피고 노트에 그리며
누구보다 열심인 AI바이리.
그런 엄마를 지아가 지켜보며 둘의 통화는 계속 이어진다.
AI바이리, 어디에 있든 지아에게 보여주고 설명해준다.
지아는 엄마 바이리의 현장에 줄곧 함께하는 게 즐겁다.

AI바이리	지아도 엄마처럼 고고학자가 되고 싶다고 했지?
	你是不是也想当考古学家呀?
지아	응.
	嗯。
AI바이리	고고학자가 되려면 뭐가 제일 중요하다고 했더라?
	那你知道要做一个考古学家最重要是什么?
지아	음.. (갸우뚱) 모르겠어.
	嗯...不知道。
AI바이리	힘이 세야 해. 특히 다리! 그래야 먼~ 길을 씩씩하게 걸어서 아주 옛날 사람들을 만날 수 있거든! 그럼 어떻게 해야 힘이 세질까?
	要有力气。尤其是腿, 腿要好, 你才能走很远很远的路, 然后才能见到很久很久以前的人呢。那提问,怎么样才有力气?
지아	(씩씩하게) 나 알아, 밥 잘 먹고, 잠 잘 자고 열심히 운동하는 거야!
	我知道, 好好吃饭, 好好睡觉, 好好锻炼身体。

지아, 열심히 대답하는데
대원들이 무언가를 발견한 듯 AI바이리를 급히 부른다.

하난	바이리, 얼른 와봐! 뭔가 찾은 것 같아!
	BaiLi! Here it is! Come on here !
AI바이리	아, 미안해 지아야, 엄마 빨리 가봐야겠다!
	不好意思, 妈妈一会儿打电话给你啊。

자기도 모르게, 일에 집중하며 전화를 뚝 끊어버리는 AI바이리.
엄마의 질문에 기쁘게 대답하고 있던 지아,

엄마가 사라진 화면을 아쉽게 바라본다.

스텔라와 함께 기뻐하며 돌무더기를 향해 뛰어가는 AI바이리.

AI바이리　그거 봐!! 내가 거기 있을 것 같았어.

　　　　　See!! I knew it. It was the spot.

스텔라　그러게, 니 말이 맞았어.

　　　　　You're always right.

그런데 우뚝 멈춰서는 AI바이리.

갑자기 어떤 기억이 떠오르는 듯 움직이지 못한다.

그런 AI바이리를 보는 대원들도 우왕좌왕 동요하는데...

AI바이리에게 멀리서 들려오는 전화벨 소리.

펀드매니저였던 과거의 기억이 갑자기 AI바이리를 휘감는다.

21. 바이리의 기억. 낮.

동료들과 회의에 바쁜 바이리.

바이리　주식 전체 롱포지션을 늘려야할 것 같아.

　　　　　특히 해운 섹터.

　　　　　We need to take a long position.

　　　　　The shipping sector especially.

직원　네.

　　　　　Yes.

바이리　(바쁘게 전화받으며) 지아야. 왜?

喂, 白佳, 怎么了?

지아(V.O) 엄마 이번 내 생일에는..

妈妈这次我生日的时候。。。

바이리 엄마 바쁘니까 이따 전화할게!

哦, 妈妈这边忙着一会儿打回给你啊 拜拜。

지아 (급하게) 엄마..!

妈妈。。

22. 유적지. 낮. / 지아 방. 낮.

멍한 AI바이리의 얼굴에 비치는 빛. 번뜩! 정신을 차리는 AI바이리.
다시 지아에게 전화를 한다. 지아를 소중하게 바라보는 AI바이리.

AI바이리 지아야 미안해. 엄마가 전화를 너무 갑자기 끊었지?

白佳, 不好意思, 妈妈刚挂电话太急了。

지아 괜찮아. 엄마 원래 그러잖아.

嗯, 没事, 你经常那样。

AI바이리 엄마가? 엄마가 원래 그랬어..? 아닌데..

미안해 우리 딸. 이제 그렇게 전화 끊는 일 절대 없을 거야.

지아가 끊고 싶어도, 엄마가 절대 안 끊을 거야!

是吗? 妈妈不是啊。。

对不起, 宝贝。妈妈保证, 以后再也不会挂你电话了。

你想跟妈妈说的时候, 尽管打来啊。

지아, 그런 엄마의 말에 기뻐 활짝 웃는다.

23. 사막. 밤.

잠을 이루지 못하고 뒤척이던 AI바이리.
심란한 얼굴로 결국 잠들기를 포기하고 일어난다.
모닥불 앞에 앉아 생각에 잠긴 AI바이리.
사막의 밤하늘은 별들로 반짝이는데..
갑자기 울리는 전화. 성준이다. 의아한 AI바이리.

AI바이리   여보세요.

Hello?

성준   아..! 죄송해요, 제가 번호를 잘못 눌렀네요.

(조심스럽게) 혹시.. 제가 깨웠나요?

Ah... I'm sorry, I pushed the wrong button.

Did I wake you up?

AI바이리   괜찮아요, 아직 안 자고 있었어요.

No, I was awake.

성준   늦었는데 왜 안 자요?

Why aren't you sleeping?

AI바이리   잠이 안 와서요.

I couldn't.

성준   왜요?

Why?

AI바이리   그러게요.. 그냥.. 사실은 요즘 좀 이상해요.

자꾸 내가 다른 사람 같아요.

꿈속에 있는 것처럼 낯설고, 내가 내가 아닌 것 같구요..

나 좀 이상하죠?

It's crazy, I keep imagining a different me, like..

just like I'm inside of dream.. I'm weird, right? So silly.

성준 맞아요. 진짜가 아니에요.

Do you think this is real?

AI바이리 (놀라며) 네?

What do you mean?

성준 우리 지금 꿈속에 있는 거예요.

This is just a dream.

AI바이리 그게 무슨 말이에요?

Really ?

성준 즐겁게, 즐겁게. 인생은 그냥 꿈이에요.

Merrily, merrily, merrily, merrily Life is but a dream.

성준이 갑자기 동요를 부른다.

그제야 긴장이 풀리며 피식 웃는 AI바이리.

어딘가 익숙한 그 가사는, 지아가 불렀던 노래다.

AI바이리 (웃으며) 이상한 사람이네요.

You are weird.

성준 하하하.. 맞아요. 당신처럼요.

Yes, just like you.

조금 가벼워진 AI바이리의 얼굴.

밤은 깊은데, 둘의 대화는 계속 이어진다.

24. 태주 병원. 낮.

급하게 병원 복도로 뛰어들어오는 누군가. 정인이다.
병실 문 앞에 멈춰 서지만, 막상 쉽게 들어가지 못하고 숨을 고른다.
정인의 긴장된 표정. 조심스레 문을 열고 침대로 다가가는데..
태주가 우뚝— 앉아 있다.

정인   태주야...

태주의 멍한 얼굴에 약간의 표정이 떠오르는 듯도, 아닌 듯도.
멍하니 정인을 보는 태주.
달려오느라 땀에 젖은 정인의 얼굴. 눈물이 훅 맺힌다.
그렇게 눈이 마주치는 두 사람.

정인   잘 잤어?

뭔가 말을 할 듯 말 듯, 정인을 바라보는 태주.
그런 태주의 손을 얼른 잡는 정인.

정인   나 좀 늙었어, 너 때문에.

정인, 기쁨의 눈물을 흘리며 태주의 얼굴을 어루만진다.
정인을 말없이 바라보는 태주.

25. 병원 진료실. 낮.

의사와 면담하는 정인.
태주의 뇌 사진을 보며 설명하는 의사,
정인은 진지하게 듣는다.

의사   기적 같은 일이 일어났지만 뇌손상이 주는
인지부조화는 있을 거예요.
일상생활 적응을 잘 못 한다거나 평범한 것들을
잘 못 해내도 너무 놀라지 마시고 자연스럽게 넘겨주세요.

고개를 끄덕이는 정인의 표정은 마냥 밝다.

26. 병원 복도. 낮.

진료실을 나오는 정인의 전화벨이 울린다. 원더랜드 태주의 전화다.
잠시 바라보다 서비스 일시정지 버튼을 누르는 정인.

27. 병원 재활 치료실. 낮.

사면이 거울로 된 재활 치료실.
땀을 뻘뻘 흘리며 재활 치료를 받는 태주.
한 걸음, 한 걸음, 열심이다.
복도의 정인을 발견하고 웃으며 다가오는 태주.

힘내라는 듯 웃어주는 정인.

태주, 정인만 보며 다가오다 투명한 유리문에 머리를 쿵 박는다.

놀란 태주, 민망해하는데.

정인, 자기 머리도 쿵! 박으며 같이 웃는다.

28. 정인 집. 낮.

태주와 함께 집으로 들어오는 정인.

태주, 보조기구에 의지해 걷는다.

아직 기력이 많이 떨어져 보인다.

영차, 짐을 내려놓고 부산하게 움직이는 정인.

정인　　좀 앉아, 배고프지? 오랜만에 집에 오니까 좋지?

　　　　뭐 해줄까? 뭐가 좋을까..

태주, 그냥 서서 낯선 얼굴로 집 안을 쓱 훑어본다.

햇살이 가득 들어오고 있다.

건강했던 자신과 정인의 사진들을 보는 태주.

29. 정인 집 거실. 낮.

둘이 마주 앉아 하는 식사. 어쩐지 좀 데면데면하다.

건조한 태주의 눈치를 살피는 정인.

태주   되게 맛없다.

정인, 순간 긴장한다.
그러자 태주, 씨익 웃는다.

태주   맛없어서 한 그릇 더 먹어야겠다.

정인, 태주 특유의 농담에 피식 웃다가 태주 그릇을 스윽 뺏는다.

정인   칫, 뭐라는 거야. 그럼 먹지 마.

태주, 안 빼앗기려고 그릇을 잡는다.

정인   담엔 네가 요리해.
태주   알았어.

cut to.
화면 속.
동네 운동장에서 자전거를 타고 놀던,
밝고 건강한 과거의 태주와 정인.

태주   안 들려.
정인   태주야, 사랑해!
태주   안 들려.

높은 나무 끝에, 연이 대롱대롱 걸려 있다.

현재의 태주와 정인은, 소파에 함께 기대앉았다.

정인의 얼굴이 행복해 보인다.

함께 옛날 영상들을 보고 있는 태주와 정인.

정인   와, 우리 운동장 안 간 지 진짜 오래됐다.

태주   저 연.. 아직도 있을까?

정인   설마.

태주   ...

정인   나 너 깨어나면 하고 싶었던 거, 엄청 많아.

정인, 태주를 꼭 끌어안는다. 행복하다.

정인   음.. 좋다.

태주는 알 수 없는 표정으로,

건강했던 자신의 모습만 하염없이 바라본다.

화면 속 함께 출근 중인, 늘 붙어 다니던 모습의 두 사람.

태주   이번에 정인이가 머리 해줬어요.

정인   저도 오늘 태주가 머리 해줬어요.

        (장난치며) 그래서 이 모양이에요.

        큭큭! 근데 저희 어디 가죠?

태주   저희 오늘 스페인 갑니다.

정인   스페인 갑니까?

태주   네, 같은 편명으로 스케줄 받아가지고..

정인	맞아요. 너무 신나요. 신이 나!
태주	신이 나!

정인, 지금 자신의 옆에 앉은 태주를 더욱 꼬옥 끌어안는다.

정인	얼른 나아서, 우리 여행 많이 가자.

30. 정인 집 침실. 아침.

곤히 자는 정인, 모닝콜 소리가 들려온다.
으음, 고개를 파묻고 항상 그랬듯 베개 밑 전화기를 끄는 정인.
눈이 쉽게 떠지질 않는다.

태주	정인아.

순간 정인의 얼굴에 닿는 감촉. 화들짝 놀라 깨는 정인.
보면, 태주가 정인의 이마에 손을 얹고 있다.
정인이 너무 놀라자 더 놀란 얼굴의 태주.
눈앞의 태주를 바라보는 정인, 와락 껴안는다.

태주	...출근할 시간이 된 거 같아서.
정인	만지니까 좋다. 더 만져야겠다.

정인, 태주를 꼬옥 껴안고 태주 얼굴 이곳저곳에 뽀뽀를 한다.

31. 정인 집. 밤.

요리를 하고 있는 태주. 정인, 옆에서 거들고 있다.
태주, 소금을 더 넣고, 다시 맛보고, 또 넣고를 반복한다.

정인　　잘 돼가?
태주　　응.
정인　　우리 언제 친구들 불러서 같이 밥 먹을까?

대답은 없이 혼잣말하는 태주.

태주　　좀... 짠가?

태주, 이번에는 짠지 포트에서 뜨거운 물을 받아
냄비에 넣으려고 한다.

정인　　내가 한번 먹어볼까?
태주　　아냐, 내가 다시 해볼게.

정인을 보며 대답하다 자기 손등에 뜨거운 물을 붓는 태주.
뜨거운 줄도 모른다. 놀라 소리 지르는 정이
서둘러 차가운 물을 태주의 손등에 대주는데,
정작 태주는 가만히 서 있다.

정인　　태주야.. 안 뜨거워???
태주　　... 뜨거워

정인	괜찮아?
태주	미안.

감각이 느리고 어색한 태주.
그제야 뜨거운지 얼굴을 찌푸린다.
그런 태주의 얼굴을 걱정스레 보는 정인.

32. 원더랜드 회사. 낮.

고객을 만나기 위해 회사를 나서고 있는 해리와 현수.
원더랜드 서비스가 광고 중인 원더랜드 회사의 풍경.
AI들과 직원들이 혼재한다.

33. 호스피스 병동. 낮.

병상에 앉은 중년의 남자, 용식.
병색이 완연한 얼굴이다.
그를 상담 중인 현수와 해리.
그리고 둘러앉은 가족들.

용식	보자... 천국은 하와이같이 생겼으면 좋겠는데...
	그런 곳으로 가 있는 걸로 해주세요.
해리	예, 알겠습니다.
용식	그럼 지금부터 서비스 시작할 수 있나요?

나도 얘기나 좀 해보게.

해리   죄송합니다. 법적으로 돌아가신 이후나

사망에 준하는 상태에만 가능합니다.

용식   그래요, 아쉽네. 한번 보고 싶은데...

현수   본인을 본인이 직접 보게 되면 혼란이 생겨

시스템 오류가 날 수도 있거든요.

용식   내가 나 아닌 척해도? 안 될까?

현수   예, 죄송합니다.

해리, 살짝 웃는다.

쿨하게 얘기하는 용식.

용식   그럼 그건 되나? 내가 내 장례식장 한번 보고 싶은데..

용식아들   에이.. 아버지 그건 좀..

용식   왜.. 그냥 재밌잖아.

해리   그런 분들 종종 계시는데요.

돌아가셨다는 기억은 없어야 하거든요.

장례식 이후에는 다시 초기화되어 서비스가 진행됩니다.

용식   좋아요.

용식, 갑자기 베개 밑에서 사진을 꺼낸다

보면, 젊은 시절 산 정상에서 잔뜩 폼 잡은 사진이다.

용식   그럼 이왕 만들 거면 젊었을 때 모습이 낫지 않을까?

현수   진짜 미남이셨네요.

현수가 얼른 웃으며 용식을 잘 맞춰준다.

용식　　하하하하 저 인기 많았습니다.

용식아들　어, 여기 부부패키지도 있네요?

용식아내　어흐, 싫어! 이만큼 살았음 됐지.
　　　　　난 너네 아빠랑 같이 안 가!

아내의 반응에 분위기가 어색해지고..
용식은 머쓱하게 먼 산만 본다.

34. 원더랜드 회사 작업실. 낮.

웃을 때 주름 하나, 화낼 때 입 모양 하나를 일일이 보며
섬세하게 용식을 만드는 현수.
과거 사진들을 넘기다 순간 멈칫한다.
여행 사진 한 장을 크게 확대해본다.
등산복을 입은, 촌스런 얼굴들 사이에..
익숙한 얼굴인 듯 현수의 눈이 커진다.
자신의 전화기를 열어 사진 한 장을 찾은 현수.
모니터에 대고 비교해본다.

해리　　뭐야?

현수　　이 사람이랑 이 사람 똑같이 생겼죠?

해리　　응, 닮았다. 누군데?

현수　　(멍..) 우리 엄마요..

해리	거짓말하지 마..
현수	진짜로요.
해리	(얼른 현수를 찍어보는) 여기 한번 봐봐.
현수	아이..

전화기로 현수 사진을 찍는 해리.

현수의 사진을 모니터 용식 옆에 한번 대본다.

닮은 것 같다. 흥미로워하는 해리의 표정.

35. 원더랜드 회사 작업실. 낮.

현수, 누군가에게 전화를 건다.

형(V.O)	여보세요?
현수	어, 형!
형(V.O)	어.
현수	그.. 아빠 얼굴 혹시 기억나?
형(V.O)	왜?
현수	아니, 내가 아빠를 좀 찾은 것 같아서...

36. 원더랜드 회사 복도. 낮.

심란하게 걷는 현수의 뒤로 스윽 다가가는 해리.

해리	뭐래??
현수	아이 깜짝이야. 아니래요...
해리	어떻게 알아? 물어봤어?
현수	형이 아니래요. 엄마가 O형, 형이 B형, 내가 A형.
	근데 아빠가 A형이면 안 되잖아요.

해리, 의아하게 본다.

| 해리 | 너랑 형이랑 아빠가 다를 수도 있는 거잖아. |

현수, 놀란다. 뒤통수를 빵! 맞는 기분.
눈을 반짝반짝 빛내며 흥미로워하는 해리.

현수	어..
해리	왜 꼭 같은 사람이라고 생각해?
현수	그러게요...?
해리	그치?
현수	그럼.. 어떻게 된 거지?

37. 중국집. 낮.

해리, 메뉴를 보는 현수에게 다시 불쑥.

해리	만나서 물어봐.
현수	싫어요.

해리	왜?

현수, 퉁명스럽다. 의아하게 보는 해리.

현수	원래 남의 인생에 그렇게 관심이 많아요?
해리	원래 우리 일이 남의 인생에 관심 갖는 거잖아.

현수, 밝은 해리의 표정에 할 말이 없어진다.

현수	됐어요.. 아 배고프다. 저 짬뽕이요.
해리	짜장면 먹어.
현수	싫어요...
해리	여긴 짜장면이 맛있어. 짜장면 먹어.
현수	우리 저번에도 짜장면 먹었잖아요. 난 짬뽕 먹을게요.
해리	그래 그럼. 여기요~
직원	네~

직원이 다가온다. 해리가 "어?" 멈칫한다.

진구의 할머니, 정란이다. 정란도 놀라 머쓱해한다.

해리	어! 진구 할머니! 여기서 일하셨어요?
정란	아.. 얼마 안 됐어요.
해리	아.. 그럼 전에 일하시던 곳은 그만두셨고요?
정란	아니요. 거기도 하구 여기도 하구요.
해리	안 피곤하세요?

정란의 손목에 덕지덕지 붙은 파스를 보는 현수.

정란   괜찮아요.... 뭐 드릴까요?

해리   저는 짜장면 주시구요. 여기는 짬뽕 주세요.

현수   짜장면 두 개 주세요.

해리, 피식 웃는다.

정란   갖고 올게요.

정란의 뒷모습을 보는 해리와 현수,
생각이 많아지는 표정이다.
현수, 태블릿으로 진구를 띄워본다. 엄청난 결제 목록들.
해리와 현수의 표정에 근심이 어린다.

현수   엄청 많이 사셨네. 이러면 자꾸 더 사달라고 할 텐데..

이내 정란이 짜장면 두 그릇을 가지고 온다.
정란, 조심스레 말을 꺼낸다.

정란   저기.. 내가 차를 바꿔줬는데.. 별로 맘에 안 든다 그러더라구요.
차 한 번만 봐줄래요? 내가 보기엔 괜찮은 거 같은데..

정란이 현수와 해리 앞에서 AI진구에게 전화를 걸어본다.
AI진구가 굉장히 퉁명스럽게 전화를 받는다.

AI진구	아.. 왜 또? 나 바빠, 빨리 말해.
정란	진구야, 차는 괜찮어?
AI진구	아니, 이상해.

정란, AI진구 뒤에 서 있는 차를 슬쩍 가리키며 해리에게 눈짓한다.

정란	(해리에게) 별로예요?
AI진구	별로야, 촌스러. 나 이 차 안 타.
정란	그래.. 그믄 저기.. 저기 다른 차로 바꿔줄까?
AI진구	어어, 나 공연 연습 가야 되니까, 끊어 바빠.
정란	공연을 해?
AI진구	나 곧 무대 올라간다고 했잖아.
정란	그믄 할미도 볼 수 있냐?
AI진구	못 보지, 당연히.
정란	글치? 그러면 저기.. 사진 꼭 찍어서 보여줘?
AI진구	응, 알았어. 봐서....
할머니	으응...
AI진구	할머니, 나 공연 연습하는데 피아노가 좀 필요해.
정란	피아노..?
AI진구	끊어 이제.
정란	어어. 그래, 알았어.

AI진구, 전화를 딸깍 끊어버린다.

| 정란 | 차 좀 더 큰 걸로 바꿔줄까요..? |
| 해리 | 그럼.. 다른 차로 교환은 그냥 서비스로 해드릴게요. |

현수, 해리를 쳐다본다.

정란 와아! 내가 군만두 살게요!
아휴, 너무너무 고맙다! 고마워요.

밝게 웃으며 좋아하는 정란을 보는 해리와 현수, 표정이 무겁다.

현수 원래 이런 성격이었나?
해리 돈 너무 많이 쓰면 애 망가지는데..

38. 호스피스 병동 앞. 낮.

현수, 병원의 커다란 거울 앞에 서 있다.
어른스럽고 근사하게 차려입은 옷.
최대한 번듯하게 보이고 싶은 모양새다.
꽃도 하나 사서 들었다.

현수 안녕하십니까... 저 꽃...

현수, 목소리 톤을 여러 번이나 연습하고,
별반 다르지 않은데도 머리 가르마를 계속 바꿔본다.

39. 호스피스 병동. 낮.

후! 심호흡하는 현수. 사뭇 진지한 표정으로 병실 문을 여는데,
침상이 비어 있다. 현수, 한발 늦었다. 허탈하게 선 현수.

40. 장례식장. 낮.

결국 아버지에게 직접 물어보지도 못하고 기회를 놓쳐버린 현수.
장례식장에는 원더랜드로 복원된 용식이 밝게 웃고 있다.
직접 조문객을 맞이하는 AI용식을 물끄러미 보는 현수.

AI용식	김사장!

조문객들이 들어서다가 멈칫 놀란다.

AI용식	으하하하하하하, 윤철아.
용식아들	예, 아버지.
AI용식	여기 김사장 왔다.
용식아들	오셨어요. 아버지 유언이셔서...
조문객	어... 그래... 잘 있지?
AI용식	너무 좋지! 자네도 얼른 와!
조문객	에이 아직은..
AI용식	머리 더 빠졌네.
조문객	(버럭) 아니야!

AI용식은 혼자 바쁘고 신이 났다.

현수도 뒤이어 조문을 하러 들어오는데.

AI용식   야, 임마.

자신을 부르는 줄 알고 인사하려는 현수.

AI용식   너 진짜 올 줄 몰랐어.

조문객2   어, 용식아..

알고 보니 뒤이어 들어오는 조문객을 맞이하는 것이었다.

뻘쭘하게 뒤로 물러서는 현수.

AI용식   잘 왔다. 너 나한테 빌린 돈 오백 갚아야지.

조문객2   (머쓱하다) 아, 그렇지.. 줘야지.

용식 가족들과 마주하고 인사하는 현수.

용식아내   와주셔서 감사합니다.

현수   그....

현수, 가족들을 물끄러미 바라본다.

뭔가 할 말이 있을 것 같은데 아무 말도 나오지 않는다.

현수   아무.. 아무것도 아닙니다.

용식아내   네, 감사합니다.

41. 원더랜드 회사 작업실. 밤. / 해변가. 낮.

그렇게 장례식장에서 돌아온 현수,
원더랜드의 용식에게 전화를 걸어본다.
전화를 받는 AI용식, 바라던 대로 하와이 해변가에 서 있다.

현수   안녕하세요. 저 원더랜드 여행사 김현수라고 합니다.

AI용식   아! 네, 압니다.

현수   확인차 전화 드렸어요. 좀 마음에 드세요?

AI용식   (기분 좋게 웃으며) 아주 좋아요.

현수   그.....

AI용식   네. 말해요.

현수   그...

잠시 말없이 보는 두 사람.
AI용식, 끊으려다가 자꾸 안 끊는 현수를 보며 머뭇머뭇.

현수   아.. 아닙니다.

AI용식   ?? 그럼... 끊어요? Bye!

현수   아, 선생님..

AI용식   네.

현수   저기... (불쑥) 게임 한판 하실래요?

cut to.
AI용식과 테이블 모니터를 사이에 두고 탁구게임을 하는 현수.
AI용식이 이기고 있다.

AI용식	세트 스코어 2 : 0.
현수	(숨차는) 체력이.. 체력이 너무 좋으시네.

지지 않으려고 헉헉거리며 애쓰는 현수.

42. 지아 방. 밤. / 유적지 숙소. 낮.

다정하게 들려오는 AI바이리의 목소리. 지아의 방이다.
엄마가 불러주는 자장가를 들으며 새근새근 잠이 든 지아.
화란, 지아의 이불을 덮어준다.
통화 중이던 패드를 옮기며 전화를 끊으려는 화란.

화란	지아 잔다. 내일 다시 전화해.
	她睡了, 明天再打来吧。
AI바이리	(얼른) 엄마 잠깐만 끊지 마. 나랑 얘기 좀 해요.
	妈, 妈, 等会儿, 你别挂, 我跟你再聊两句。
화란	...
AI바이리	고생 많아요. 엄마.. 난 나 하고 싶은 거 한다고 멀리 와버리고..
	엄마 없었으면 못 했을 거야. 고마워요 엄마.
	妈, 辛苦你了。你说我跑那么远来, 要是没你家里帮忙照顾着, 都不知
	道怎么办了。
	谢谢, 妈妈。

따뜻하게 웃는 AI바이리를 보는 화란의 얼굴이 속상해진다.

아이바이리	맞다, 집에 가기 전에 선물 좀 사가려는데...
	엄마가 좋아할 만한 게 없네..
	(스카프를 보여주며) 이건 어때? 이쁘지? 색깔도 괜찮지?
	아예 몇 개 더 사서 엄마 친구들 나눠주는 것도 좋겠다. 그치?
	친구들한테 내가 사줬다고 꼭 말하고!
	对了, 妈! 快回去了, 要不要带点儿什么? 不过估计这里什么东西你都
	没兴趣吧?
	要不这个? 这围巾还行啊? 颜色还可以啊。
	或者我多买两条你拿去送给朋友? 好不好?
	不过你送人的时候要告诉她们是我买的啊!
화란	사지 마. 필요 없어.
	不要买, 我不要。
아이바이리	응? 아~ 엄마한테는 너무 화려한 색이라 그런 거지? 그럼...
	没事儿, 妈, 我知道你是, 你是嫌它颜色太艳了...

차갑게 전화를 끊어버리는 화란.

아이바이리, 다시 전화를 해보는데 받지 않는 화란.

아이바이리, 영문을 모르겠어 속상하다.

13. 지아 집. 밤.

지아가 논 흔적들로 난장판인 집. 심란하게 서성이는 화란.

44. 지아 집. 낮.

짐을 정리하는지 박스에 물건을 넣고 있는 화란.

그러다 우뚝 멈춰 선다. 망설이다 어딘가로 전화를 거는 화란.

직원(V.O) 안녕하세요. 원더랜드입니다.

这里是 wonderland. 你好, 李女士。

화란 네. 안녕하세요. 저 그만해도 될까요?

아뇨. 아무래도 좀 어색해서요..

이제 아이에게 사실을 말하고 그만하려구요.

이번 달 말까지만 사용하겠습니다. 네, 그렇게 하시죠.

네. 감사합니다.

请问, 我可以注销这个服务吗? 不是, 我还是觉得不合适。

我打算如实告诉孩子。用到这月底, 其他的麻烦你帮我处理一下吧。

好, 我明白了, 那就这样定了, 好的, 谢谢你。

전화를 끊고, 액자를 들어보는 화란.

생전 바이리와 함께 찍은 사진이다.

사진 속 바이리를 쓰다듬으며 한참을 바라보고 선 화란의 얼굴.

45. 유적지의 작은 마을. 낮.

AI바이리, 시무룩하게 시장을 걷고 있다.

멀찍이 AI바이리 뒤를 조용히 따라오는 성준.

성준   바이리!

        BaiLi!

의아해하며 고개를 돌리는 AI바이리.

46. 식당. 낮.

노천 식당에 마주 앉아 함께 식사를 하는 AI바이리와 성준.

성준   잘 있었어요?

        How are you?

AI바이리   아뇨.. 사실 그저 그래요. 엄마가 걱정돼요.

        Good... actually... not good. I'm worried about my mother.

성준   왜요?

        Why?

AI바이리   뭔가 숨기는 게 있는 거 같아요.

        왜 부모는 자식에게 솔직하지 못할까요?

        She's not telling me something.

        Why are parents never honest with their kids?

성준   모르겠어요. 전 부모님이 없어요.

        I don't know... I don't have parents.

AI바이리   아. 미안해요.

        Sorry.

성준   괜찮아요.

        No worries.

갑자기 성준의 어깨를 토닥여주는 AI바이리.

느닷없는 AI바이리의 위로에 성준, 당황하는데..

AI바이리의 눈빛이 따뜻하다.

성준, 어색하게 웃어버린다.

성준   진짜 괜찮아요.

It's OK, It's OK.

AI바이리, 밝은 성준의 얼굴에 조금씩 마음이 풀리는 듯

가벼워지는 표정이다.

AI바이리   나 여기 있는 거 어떻게 알았어요?

Did you know I was here?

성준   난 다 알아요.

Yes.

AI바이리   (놀라며) 진짜요?

Really?

성준   (웃으며) 네.. 그냥.. 걱정이 됐어요...

I was worried about you.

AI바이리   왜요?

Why?

성준   저도 모르겠어요.

I don't know.

웃는 성준. 수줍게 눈이 마주치는 둘.

맛있게 밥을 먹는다.

그때 갑자기 성준을 부르는 해리의 목소리.
성준에게만 들린다.

성준   아! 화장실. 잠시만요. 금방 올게요!
        Oh! Bathroom! I'll be right back.

AI바이리   아. 네.
        O.. OK.

서둘러 일어나 어딘가로 들어가는 성준.

47. 원더랜드 회사 작업실. 낮.

해리   성준! 성준!

성준, 부스 너머 작업실로 들어온다.

해리   어디 갔다 와요?
성준   바이리가 불안정해서 점검하고 있었어요.
해리   아..
성준   근데 왜 부르셨어요?
해리   바이리 서비스가 곧 끝나서 상의하려구요.
성준   ....

갑작스러운 얘기에 멍한 성준, 멀거니 서 있다.

48. 식당. 낮.

급하게 다시 식당으로 돌아오는 성준.

그런데 AI바이리가 보이지 않는다.

주위를 둘러보지만 인파 속에도 보이지 않는 AI바이리.

그때 어디선가 음악이 흘러나온다.

묘하게 음악 소리에 이끌려가는 성준.

어느 노점 라디오에서 나오는 음악 소리.

심취해 듣고 있는 AI바이리가 보인다.

그런 AI바이리의 뒷모습을 가만히 바라보는 성준.

문득 인기척을 느낀 AI바이리가 뒤돌아본다.

AI바이리   음악 좋죠? 어릴 때 이 곡으로 엄마랑 춤을 췄었거든요.

It's beautiful, right?

My mum liked this music we used to dance together.

추억을 떠올리는 듯, 스르륵 일어나 춤을 추는 AI바이리.

그런 AI바이리를 바라보는 성준. 사람들이 오가는 노천 식당 사이로

음악이 흐르고, 춤추던 바이리는

성준에게 손을 내민다.

어린 시절로 돌아간 듯, 성준의 손을 잡고 춤추는 AI바이리.

기꺼이 함께해주는 성준의 따뜻한 얼굴.

49. 정인 집. 낮과 밤.

열이 오르는지 식은땀이 맺힌 정인.
잠이 들었다 깼다 몽롱하다. 정인에게 걸려오는 전화.

선배(V.O)　정인 씨.

정인　　　네... 선배..

선배(V.O)　태주 씨가 와서 일자리를 부탁하더라고.
　　　　　　그런데 태주 씨... 아직 치료 중이지? 아무래도...

정인　　　태주... 괜찮아요.

선배(V.O)　응? 아니...

정인　　　태주 그냥 선배 보고 싶어 간 거예요.

선배(V.O)　그런 게 아니라, 일자리를...

정인　　　(단호하게) 그런 거예요.

선배(V.O)　그래.. 알았어. 나중에 얘기하자 쉬어.

정인　　　네, 선배.

정인, 전화를 끊는다. 머리가 너무 아픈 정인.
태주에게 전화를 걸며 겨우겨우 일어나는 정인.
서랍들을 열어보는데 원하는 약을 찾을 수가 없다.

정인　　　어디 뒀지..

비틀비틀— 여기저기 뒤져보다 지쳐 앉는 정인.
태주는 계속 전화를 받지 않는다.
어지러운 정인. 그대로 우두커니 앉았다가, 다시 전화기를 든다.

원더랜드 서비스 메뉴를 보는 정인.

"통화 정지를 해제하시겠습니까?"

YES를 누르는 정인, 우주의 태주가 바로 받는다.

바로 받는, 뭐든지 알고 건강한 그런 원더랜드 속 태주다.

AI태주	어? 정인아 너 얼굴이 왜 그래?? 어디 아파???
정인	너 해열제 어딨는지 알아?
AI태주	그거 화장실 맨 위칸 선반 위에 넣어 놨잖아.
	안쪽에 있는 주황색통 찾으면 돼.

정인, AI태주가 말하는 대로 화장실로 가자

정말 약통을 바로 찾을 수 있다.

안도하는 정인.

전화를 끊으려는데 AI태주가 걱정스레 정인을 본다.

AI태주	정인아, 많이 아픈 거야?
정인	괜찮아, 고마워.

정인, 그냥 원더랜드를 끊어버린다. 다시 잠이 드는 정인.

cut to.

정인이 눈을 뜬다. 문밖에서 시끄러운 소리. 꿈인 걸까?

나가보니 거실 가득, 한 무리의 사람들이 태주와 술을 마시며

음악을 크게 틀어놓고 놀고 있다.

당황하는 정인. 아무리 둘러봐도, 모두 모르는 얼굴들이다.

이미 잔뜩 취한 태주.

사람들과 친근하게 술잔을 주고받고 신나 보인다.

정인   태주야... 태주야!
태주   어.. 정인아.

비틀거리며 정인에게 다가오는 태주

태주   정인아. 나 오늘 선배 만났는데..
        선배가 나 일자리 알아봐준대. 잘될 것 같아.
정인   그래, 근데... 누구야?
태주   좋은 사람들이야.
정인   누군데?
태주   아까 공원에서 만났어. 공연하는 사람들이야.
        사람들 불러서 같이 놀고 싶다고 네가 그랬잖아.

정인, 아무 말 못 하고 잠시 멀거니 본다.

정인   태주야... 너 원래 안 그래.
태주   그래? 나 원래 안 그래?

잠시 서로를 바라보는 두 사람.
서로의 마음을 읽는 눈빛이 오가는데
누군가 다가온다.

파티일행   같이 한잔해요.
정인   괜찮아요.

애써 웃으면서 사양하는 정인.

술에 취해 정인에게 같이 놀자고 떠드는 사람들.

50. 엘리베이터 안. 밤.

힘없이 기대고 선 정인.

엘리베이터 거울에 비춰진 자신의 모습을 물끄러미 바라본다.

51. 정인 집 근처 거리. 밤.

편의점에서 술을 사가지고 나오는 정인.

아파트 앞에 멍하니 서 있다 위를 올려다보는 정인.

번쩍이는 정인의 집 창문. 여전히 시끌벅적해 보인다.

정인, 들어가기 싫다.

편의점 유리에 기대고 서 있는 정인. 이때 전화가 울린다.

원더랜드 속, 우주 정거장 안의 태주다.

정인, 망설이다 받는다.

AI태주 어, 정인아. 몸은 좀 어때?

밝은 얼굴로 웃으며 정인을 보는 우주의 태주.

그 환한 얼굴을 보자 정인, 자신도 모르게 따라 웃게 된다.

AI태주 너 아픈 사람이 왜 밖에 나와 있어~

정인	야, 너 어디야?
AI태주	나 어디긴 어디야, 우주에 있지. 우주 보여줄까?
정인	그니까 왜 우주에 있냐고.
AI태주	응?
정인	너 왜 아직도 안 와?
AI태주	못 가잖어.. 나도 가고 싶다.
정인	빨리 와, 왜 안 와?
AI태주	(해맑게) 알았어, 금방 갈게! 조금만 기다려.
정인	바보.
AI태주	내가 왜 바보냐, 너가 바보지. 나밖에 모르는 바보.

장난치는 태주에 피식 웃는 정인.

AI태주	어, 웃었다. 너 웃었다.
정인	그래 웃었다.
AI태주	아프지 마. 이제 얼른 들어가자.

원더랜드 안의 AI태주와 통화를 하며 정인의 얼굴이 편안해진다.
전화를 끊지 않고 AI태주와 한참 얘기를 나누며 밤거리를 서성이는 정인.

52. 지아 집 거실. 낮. / 유적지. 낮.

지아에게 유적지 유물을 짜잔! 보여주는 AI바이리.

AI바이리	짜잔~ 이거 알아보겠어? 엄마가 카라를 드디어 찾았다.

지아한테 제일 먼저 보여주고 싶었어. 엄마 너무 신난다!

이제 생명의 나무도 곧 찾을 거야.

这块儿kara神鱼你认得吗？当达拉

当~正一块儿啦！！妈妈找到另一部分了。

妈妈第一个就想告诉你, 太开心了。

生命树有希望了, 给妈妈加油!

지아   생명의 나무가 진짜 나무야?

生命树是真的树吗?

AI바이리   사실 엄마도 잘 몰라. 그런데 카라 물고기가 있으면

생명의 나무를 찾을 수 있대. 열심히 찾아볼게!

찾아야 엄마가 집에 갈 수 있거든!

妈妈不清楚, 不过有了这个kara神鱼,

我相信这个世界上一定有生命之树。

妈妈会努力的找一找。找到就回家。

지아   엄마. 그냥 빨리 오면 안 돼?

妈妈, 你就回来不行吗?

AI바이리   ...(난감한 듯 웃는데)

화란   지아야, 밥 먹자.

白佳, 该吃饭了.

옆에서 지켜보던 화란. 지아에게 다가온다.

화란   지아야, 이제 그만 끊자 응?

白佳, 挂电话啦。

지아   싫어.

不要

화란	밥 다 식겠다. 얼른, 착하지 우리 지아~
	哎呀，饭都凉了。来，快吃饭。乖。
지아	(전화기를 더 꼭 쥐며) 싫다구.
	我不要。
화란	엄마 지금 일하고 있잖아. 엄마 일 끝나고 다시 통화해.
	妈妈在工作呢。妈妈工作完了以后，再打电话给你。
지아	싫어, 나 그냥 엄마한테 갈래.
	我不要，我要去找妈妈。

떼쓰는 지아를 보며 할 말이 없는 화란.
그런 지아를 보며 지그시 웃는 AI바이리.

AI바이리	지아가 좀 더 크면 엄마가 꼭 데리고 올게!
	要不等你长大一点，妈妈一定带你过来。

화란, 그런 AI바이리를 황당하게 본다.

화란	애가 지금 무슨 소리 하는 거야. 끊어.
	你说什么呢，够了。
AI바이리	엄마..
	妈 ..
화란	그만해, 애 밥 먹어야 돼.
	她该吃饭了。

전화를 확 끊어버리는 화란.

화란	자, 밥 먹자.
	来，我们去吃饭。
지아	나 엄마한테 갈래!
	我要去找妈妈！
화란	엄마한테 못 가, 엄마는 일하느라 바빠.
	你不能去，妈妈很忙。
지아	뭐가 바빠. 우리 맨날 통화하는데.
	妈妈不忙，我们每天都打电话。
화란	안 된다니까.
	不能去找妈妈。
지아	왜!
	为什么？
화란	할머니랑 외갓집으로 가자. 거기 가면 언니 오빠들도 있고
	친척들도 많아. 지아도 더 재밌을 거야.
	外婆带你回老家，好不好？那里有很多哥哥姐姐陪你玩，你会很开心的。
지아	싫어! 난 엄마한테 갈 거야.
	我不要，我要去找妈妈。
화란	못 간다니까!
	我 说不能去！

자기도 모르게 큰소리를 낸 화란.
지아, 화란의 전화를 빼앗는다.

화란	이리 내!
	拿来。

지아 손에서 다시 전화기를 뺏는 화란.

화란   엄마한테 못 간다고 했지. 너 자꾸 고집 피우면
　　　　다시는 엄마랑 통화 못 하게 할 거야!
　　　　我说了, 不能去找妈妈, 你要是再这样,
　　　　以后就不可以再打电话给妈妈了。

화가 난 얼굴로 할머니를 노려보는 지아.

지아   엄마한테 갈 거야!
　　　　我要去找妈妈!!

소리치며 방으로 올라가 버리는 지아.

53. 유적지 텐트. 낮. / 지아 집. 낮.

거실에서 짐을 싸고 있는 화란. 전화벨 소리가 울린다.
화란은 화난 얼굴로 전화기를 노려보다 마지못해 받는다.

AI바이리   엄마, 엄마 뭐해요? 엄마? 듣고 있어요?
　　　　엄마 그러지 말고 얼굴 좀 보여줘.
　　　　왜 그래요. 기분 안 좋은 일이라도 있어요?
　　　　妈, 在干嘛呢? 妈? 妈? 你在听吗? 让我看看你呗。
　　　　怎么了? 你有什么事不开心啊。
화란   너 왜 애한테 쓸데없는 소리를 하는 거야. 거기로 오라니..

애한테 그런 말도 안 되는 소리를..

我跟你说, 你别再瞎说 要白佳到你那儿去, 这是不可能的!

AI바이리　(웃으며) 엄마 그게 아니라, 지아가 지금 온다니까
달래주려고 한 말이잖아.

妈, 你误会了, 我那是想帮你, 我想她别过来。

화란　우린 집으로 돌아간다. 고향으로 돌아갈 거야.

...我要带她回老家。

AI바이리　그게 무슨 소리야 갑자기. 지아 유치원 들어간 지 얼마
안 됐잖아요. 이제 친구들 사귀고 있는데 고향으로
데리고 가버리면 지아가 너무 힘들 거야.

你回老家干吗啊? 我这儿刚帮她安排好幼儿园了。
她现在开始交朋友了, 你这就让她走, 对她的心理恐怕不太好吧。

화란　고향엔 친척들이 많고 사촌들도 있잖아. 여기엔 아무도 없는데.

家里有姨婆, 有哥哥′姐姐! 在这里什么都没有!

AI바이리　아무도 없긴, 내가 있잖아요. 엄마 나 금방 돌아갈 테니까 가서
얘기해요, 응?

怎么会什么都没有, 这不有我嘛。好了, 你就等我回去再说! 好不好?

화란　네가 온다고? 올 때까지 기다리라고? 니가 어떻게 돌아와!!

我等你, 我等你回来, 你能回来吗?

놀라서 멈칫하는 전화기 속 AI바이리의 표정.

전화를 끊어버리는 화란. 숨을 몰아쉰다.

AI바이리, 한참을 멍하다. 엄마가 도대체 왜 그럴까.. 혼란스러운데,

텐트에 갑자기 불이 확 붙더니 기둥으로까지 확 번진다.

멍한 AI바이리를 끌어내는 동료들.

그제야 정신이 드는 AI바이리, 타오르는 불길을 그저 바라본다.

54. 병원 진료실. 낮.

의사와 태주의 상태를 상담하는 정인. 막막한 얼굴이다.

정인   태주가 잠을 안 자요. 밤에는 막 돌아다니다 들어오고,
        침대에 가만히 몇 시간씩을 앉아 있기도 해요.
        좀 다른 사람 같아요. 무슨 생각을 하는지도 모르겠고.

의사   예전이랑 비교해서 뭐가 제일 달라졌나요?

정인   ...모르겠어요.

의사   태주 씨도 많이 애쓰고 있으니까.. 금방 더 좋아질 거예요.

정인   (무력하게) 네...

애써 웃는 정인의 얼굴. 그런 정인을 물끄러미 보는 의사.

의사   정인 씨가 좀 불안해 보여요. 괜찮아요?

정인   ...네

55. 정인 집. 아침.

늦잠을 잔 듯 허둥대며 출근 준비를 하는 정인.
욕실에서 나와 서둘러 옷을 챙겨 입고 거울을 본다.
차분하게 식탁에 아침을 차리고 있는 태주.

태주   정인아, 밥 먹고 가.

정인   괜찮아.

태주	그래도 만들었는데 먹고 가.
정인	나 늦었어, 나 왜 안 깨워줬어.
태주	아직 안 늦었잖아.
정인	늦었어. 요즘 터미널 수속 오래 걸린단 말이야. 미안해, 나 간다.

급하게 나가버리는 정인. 혼자 남은 태주.

56. 엘리베이터. 아침.

숨을 내뱉는 정인.
양쪽 거울 속, 무한대로 펼쳐지는 자신의 얼굴을 멍하게 바라보다가
문득, 주머니에 전화기가 없다는 사실을 때닫는 정인.

57. 정인 집. 아침.

혼자 덩그러니 남은 태주. 정인이 못 먹고 간 밥을 멍하니 보는데
어디선가 울리는 전화 벨소리.
침대에 정인이 두고 간 전화기가 울리고 있다.
잠시 보는 태주. 누구일까― 들여다보기도 왠지 두렵다.
망설이다가, 전화기를 드는데.
정인이 급히 들어와 전화기를 탁! 빼앗는다.

정인	(버럭) 너 왜 그래?

태주	뭘?
정인	너 왜 내 걸 뒤져?
태주	내가 뭘 뒤져?
정인	뒤졌잖아.

둘 사이에 흐르는 정적.

태주	너 나한테 숨기는 거 있어?

돌아서 나가려는 정인, 다시 태주를 향해 돌아선다.

정인	너 왜 나한테 막 해?
태주	내가 뭘 막 해?
정인	막 했잖아.

잠시 서로를 바라보는 둘. 할 말을 찾지 못하고 적막이 흐르는데..
태주가 먼저 말한다.

태주	그래 미안해.

말을 잇지 못하고 잠시 바라보는 정인.

정인	아니야. 내가 미안해.

정인, 전화기를 들고 나가버린다.
남겨진 태주의 막막한 얼굴.

58. 정인 집 앞. 아침.

정인, 피로한 얼굴로 걷는다.
이때 걸려오는 전화. 원더랜드의 우주 정거장 안, 태주다.
정인, 망설이다 전화를 받는다.

AI태주   (다정한 목소리) 정인아! 너 지금 걷고 있지.
          너 저기 보인다! 다 보여.
          지금 내 생각하면서 출근하고 있지?

정인   ...

우주의 태주, 푸른 지구를 보여준다.
정인, 자기도 모르게 하늘을 올려다본다.

AI태주   오늘 네가 있는 지구가 유난히 파랗고 밝다.

파란 지구의 모습을 보여주는 우주인 태주.

AI태주   어때?

정인   어제도 봤잖아.

AI태주   어제 본 지구랑 오늘의 지구는 다른 거야.
          내일의 지구도 보여주겠어! 출근 잘 해~

밝게 웃는 원더랜드 안의 태주를 보는 정인의 표정.

59. 지하철. 낮.

조용한 지하철. 승객들이 모두 전화기만 보며 무심히들 앉아 있다.

그 가운데 무표정한 정인도 있다.

갑자기 승객들 모두 다 같이 우와아! 환호성을 지른다.

보면, 모두들 스포츠 중계를 함께 보고 있던 모습.

정인만이 동요가 없다.

서로 박수치고 환호하는 사람들을 보는, 외딴섬 같은 정인.

60. 클럽. 밤.

시끄러운 음악과 번쩍이는 조명. 사람들 속에서 춤추는 정인.

누군가와 마주해 술을 마시는 것 같은데,

보면 정인은 원더랜드 속 태주와 통화 중이다.

정인, 신나고 밝아 보인다.

술과 AI태주에게 기대는 정인의 밤.

61. 택시 안. 밤.

지친 얼굴로 택시 유리창에 얼굴을 기대고 있는 정인.

사이렌 불빛이 번쩍번쩍 정인의 뺨에 어른거린다.

놀란 정인의 얼굴. 보면, 정인의 아파트에서 연기가 뿜어나오고 있다.

62. 정인 집 앞. 밤.

시끌벅적한 사람들. 정인, 놀라 아파트 입구로 달려간다.
정인을 막아서는 소방대원.

정인   잠시만요.

소방대원 들어가시면 안 됩니다.

정인   잠시만요. 들어가야 돼요.

소방대원 들어가시면 안 돼요.

정인   저 안에 사람 있어요! 이거 놔요!!!!

소방대원 밖에서 대기해주세요.

정인   저 안에 사람 있다니까요!

63. 경찰서. 밤.

cctv 화면 속, 아파트 복도를 걷는 태주.
cctv 카메라를 보면서 지나가는 것 같다.

경찰   태주 씨가 나가고 바로 불이 났어요.

            좀 이상해 보이지 않아요?

경찰과 현장 화면을 보고 있는 정인. 당혹스러운 표정이다.

경찰   박태주 씨에 대해 잘 아시죠?

            요새 뭐 이상한 거 없었어요?

정인	없었어요. 너무 좋아요.
	(경찰이 빤히 보자) 아니라니까요. 태주가 한 거.
경찰	...알겠습니다.

취조실 구석에 앉아 있던 태주, 불안한 얼굴로 천천히 일어난다.

64. 거리. 밤.

말없이 걷고 있는 두 사람.

| 정인 | 조심하지 그랬어. |
| 태주 | 내가 그런 거 아니야. |

횡단보도 한복판에 서는 정인.

| 정인 | 요리했어? |

먼저 걸어가던 태주. 멈춰서 정인을 돌아본다.

태주	나 아무것도 안 했어.
정인	그래? 아무것도 안 했는데 왜 불이 나.
태주	정인아!

태주, 얼른 정인의 손을 잡는다.
정인은 그저 막막하다.

정인	휴.. 오늘 어디 가서 자..
태주	우리 여행 갈까?
정인	나 내일 비행 잡혔어. 바르셀로나 가.
태주	잘됐네. 너 거기 좋아하잖아.

태주의 대답에 걸음을 멈추고
잡고 있던 손을 확 놓아버리는 정인.

정인	잘되긴 뭐가 잘돼!

악 소리를 지르며 주저앉는 정인.
정인의 갑작스런 반응에 얼굴이 굳는 태주.
울음을 터트리는 정인.
태주, 아무 말도 못 한 채 그저 정인을 내려다볼 뿐이다.

65. 원더랜드 회사 작업실. 낮.

모두가 퇴근하고 어두운 원더랜드 회사.
적막한 작업실을 서성이는 모습, 해리다.
테이블 모니터 위, 반짝이는 누군가의 일립스를 바라보고 선 해리.
한참을 그렇게 서 있다가, 모니터 앞에 앉는다.
망설이다 거는 전화. AI진구가 받는다.

AI진구	할머니, 나 지금 좀 바쁜데? (멈칫) 뭐야, 누구세요?
해리	저는 원더랜드 서비스 상담자 서해리라고 합니다.

AI진구	네. 그런데요?
해리	할머님에 대해 드릴 말씀이 있어요.
AI진구	뭔데요? 안 그래도 우리 할머니 전화를 안 받던데..
	아, 나 스키복 사준다 해놓고 쪽팔리게..
해리	이런 말 전하게 돼서 미안해요.
AI진구	(퉁명스럽게) 뭔데요? 빨리 말해요.
해리	할머니께서 돌아가셨어요. 죄송합니다.

갑자기 가만히 있는 AI진구. 표정을 읽을 수 없는 얼굴.
충격을 받은 건지, 즉각 반응하지 못한다.
그런데도 해리는 진지한 태도로 예의를 갖춰 말한다.

해리	새벽에 일하러 가시다가 쓰러지셨어요.
	서비스는 이만 종료됩니다.
	할머니와의 기록은 새로운 요청이 있을 때까지
	저희가 잘 보관하겠습니다.
	할머니도 진구 씨도, 행복하시길 바랄게요.
AI진구	...

멍한 얼굴의 AI진구. 모니터를 끄는 해리.
중지되는 진구의 서비스.
조용히 꺼진 모니터를 한참 바라보는 해리.

66. 공항 출국장. 낮.

지아와 화란, 공항으로 들어온다.
낯선 공항에서 긴장된 화란의 표정.
지아, 화란의 눈치를 살핀다.

67. 공항 탑승동. 낮.

탑승구를 찾는 화란과 지아.
지나가는 승무원에게 길을 묻는 화란.

화란	55번 게이트가 어디죠?
	请问, 这个55号闸口怎么去啊？
승무원	저쪽으로 가시다 오른쪽 코너 도시면 보입니다.
	您看得到那边吗？右拐就到了呢。
화란	네, 감사합니다.
	好, 谢谢。

화란, 승무원이 알려주는 길을 눈에 익히는 사이,
옆에 있던 지아가 사라진다.
당황하는 화란.

화란	지아야, 지아야!
	白佳, 白佳!

탑승동을 오르락내리락,

정신없이 뛰어다니며 지아를 찾는 화란.

화란   지아야.. 지아야!

白佳, 白佳!

공항 경찰을 붙잡는 화란. 당황해 울음이 섞인다.

화란   저기요, 제 손녀가 없어졌어요. 좀 도와주세요!

警察先生，我的孙女儿不见了。你们可以帮我找到吗？

cut to.

공항 대기석에서 안절부절못하는 화란.

그때 전화가 울린다. AI바이리다.

68. 유적지 숙소. 낮. / 공항 탑승동. 낮.

반갑게 전화를 받는 AI바이리.

AI바이리   엄마 어디예요? 지아는요?

妈，在哪儿呢？白佳呢？

화란   지아가 사라졌어.

白佳不见了。

AI바이리   (놀라) 사라졌다구요? 어쩌다가? 별일 없을 거야. 너무 걱정 마요.

哦？不见了？怎么会不见了？你别着急，应该不会有事。

엄마를 안심시키려 애쓰는 AI바이리.

화란, 대답하지 못하는데.

AI바이리   경찰에 신고는 했어요? 공항 방송은 했어요?

        엄마 내 말 듣고 있어요? 애가 없어진 건 언제 안 거예요?

        你报警了没有？机场广播过了吗？还有她今天穿了什么衣服？

        妈, 你听见我说话吗？你什么时候发现她不见的？

기계적으로 질문을 쏟아내는 AI바이리.

AI바이리   지아 오늘 무슨 옷 입었어요? 공항엔 언제 온 거예요?

        애는 언제 없어진 건데요? 경찰은 뭐래요?

        她今天穿了什么衣服？你们什么时候到机场的？

        她什么时候不见的？警察说了什么？

화란, 그런 원더랜드 속 바이리를 견딜 수가 없다.

AI바이리   엄마 왜 아무 말도 안 해요. 엄마! 엄마?

        妈, 怎么不说话啊! 妈! 妈!

화란   바이리! 내가 왜 네 엄마야!!!

        白李! 我怎么会是你妈呢!!!

눈이 마주치는 화란과 AI바이리.

화란, AI바이리의 눈을 보는데 울음이 터질 것 같다.

혼란스러운 AI바이리의 얼굴. 멍한 채로 미동도 하지 않는데.

화면이 꺼져버리며, 원더랜스 서비스가 종료되었다는 안내가 뜬다.

당혹스러운 화란의 얼굴.

69. 공항 탑승구. 낮.

탑승구 앞에서 서류를 보며 동료랑 얘기 중인 정인.
불쑥 정인 앞에 태주가 나타나 선다.

태주	정인아.
동료들	안녕하세요.
태주	같이 여행 가고 싶다며.
정인	... 태주야 잠깐만.

주위 눈치를 보는 정인.
태주를 조금 떨어진 곳으로 데리고 간다.

태주	우리 같이 맛있는 것도 먹고 사진도 많이 찍자.
동료2	정인 씨, 저희 먼저 들어갈게요.
정인	네, 금방 들어갈게요. (한숨 쉬며) 여행을 지금 어떻게 가.. 너 아직 많이 아파, 태주야.
태주	나 괜찮아. 멀쩡해,
정인	아니. 너 안 괜찮아.

정인을 바라보는 태주.

정인	다녀와서 얘기하자.

태주 ... 지금 해.

정인 나 들어가야 돼.

태주 나 피하는 거야?

태주 피하는 거 아니야.

그때 정인의 전화가 울린다. 태주가 본다.

정인, 받지 않는다. 돌아서는 정인.

태주 왜 안 받아?

재촉하듯 계속 울리는 전화. 고민하는 정인.

태주 누구야? 정인아..

정인, 돌아서서 말없이 태주를 바라본다.

울리고 있는 전화기를 건네며

정인 너가 받아.

태주, 망설이다 착신 버튼을 누르는데.

전화기 화면 속에 우주의 태주가 뜬다.

AI태주 정인아, 오늘 비행 잘..

그렇게 처음, 서로를 마주 보는 두 사람.

원더랜드 속 AI태주와, 현실의 태주다.

AI태주   누구세요? 옆에 혹시 정인이 있나요?

당혹스러워 말을 잇지 못하는 태주.
정인, 전화기를 빼앗아 끊는다.

정인   미안해, 네가 너무 보고 싶었어.
그래, 같이 가자. 가서 얘기해줄게.

돌아서 탑승구로 들어가 버리는 정인.
태주, 멀거니 혼자 남아 있다.

70. 기내. 낮.

비행기에 탄 태주, 창밖을 바라본다.
마주했던, 건강하고 밝은 원더랜드 속 자신의 얼굴이
자꾸 떠오른다. 마음이 복잡한 태주. 벌떡 일어선다.
이륙하기 전에 비행기를 서둘러 나오는 태주.

71. 공항 탑승구. 낮.

도망치듯 뛰쳐나오는 태주를 따라 나오는 정인.

정인   태주야!

힘겹게 돌아서, 겨우겨우 정인의 얼굴을 보는 태주.

한참을 서로 바라보고 선 두 사람.

차마 서로에게 다가가지 못하는데.

태주   같이 못 가겠다. 잘 다녀와.

작별인사를 하는 듯한 태주의 얼굴.

정인, 더 이상 붙잡지 못하고 눈물만 그렁해진다.

72. 공항 탑승동. 낮.

멀어지는 비행기를 바라보며 멀거니 앉은 태주.

73. AI바이리의 꿈, 지아 집. 낮.

어둠 속, 아득히 들려오는 지아의 목소리.

깊게 잠들어 있던 AI바이리를 깨운다.

오랫동안 꺼져 있던 의식이 돌아오듯,

AI바이리가 힘겹게 눈을 뜨다 다시 감는다.

계속 엄마— 부르는 지아의 목소리.

어두운 AI바이리의 세상이 서서히 밝아진다.

딸의 목소리에 정신을 차리려 애쓰는 AI바이리.

번뜩! 눈을 뜨자 눈앞에 지아가 웃고 있다.

지아   찾았다! 엄마 찾았다!
       找到了! 找到你了。

       악몽에서 깨어난 듯 혼란스러운 AI바이리.
       지아를 얼른 꼬옥 끌어안는다.
       지아의 체온이 느껴지자 안도감이 밀려온다.
       따뜻하다.

AI바이리 지아야. 엄마가 진짜 무서운 꿈을 꿨어.
       白佳, 妈妈做了一个噩梦。

지아   무슨 꿈?
       什么梦?

AI바이리 엄마가 사막에 있었는데, 지아를 잃어버렸어.
       你不见了, 妈妈在沙漠里面。

       아직도 겁에 질린 바이리의 얼굴을 빤히 보는 지아.

지아   엄마 울 거야?
       你要哭吗?

AI바이리   ...

지아   엄마 울어도 돼, 내가 있잖아.
       哭吧, 有我呢。

       지아. 어른처럼 엄마를 쓰다듬어준다.
       안도의 웃음이 나오는 AI바이리.
       지아, 장난스럽게 귓속말을 한다.

지아   엄마. 나 꼭꼭 숨을 거야. 나 간다!

我要藏的很好很好。我去了。

숨바꼭질을 시작하는 지아와 AI바이리. 술래가 된 AI바이리.

웃으며 커튼 뒤를 보고, 집 안을 둘러보는데 아무도 보이지 않는다.

갑자기 두려움이 몰려오는 AI바이리.

AI바이리   지아야.

白佳。

74. 바이리의 꿈, 해변가. 낮.

해변가를 뛰어다니는 AI바이리.

주위를 애타게 둘러보지만 지아가 보이지 않는다.

AI바이리   지아야, 어딨니?

白佳, 你在哪儿?

지아   엄마 나 찾아봐~

妈妈来找我呀。

소리 나는 쪽으로 달려가는 AI바이리.

꿈인지 현실인지, 혼란스럽다.

지아를 부르며 바다 쪽으로 달려가는 AI바이리.

악몽처럼, 활주로를 달리고 화물차에 치일 뻔한 지아가 보인다.

| AI바이리 | 안 돼, 지아야!
白佳, 不要。 |

공포에 휩싸여 바다로 뛰어드는 AI바이리.

75. 유적지 숙소. 낮.

책상에서 자고 있던 AI바이리가 벌떡! 깬다.

여기가 대체 어디지.

주위를 둘러보니, 다시 숙소에 있는 자신이 낯설다.

정신을 차리며 전화기를 찾는 AI바이리.

불안한 표정으로 지아에게 전화를 걸어보지만 아무도 받지 않는다.

의미 없이 가는 신호. 텐트를 열고 급히 나서는 AI바이리.

76. 유적지. 낮.

가방을 메고 성큼성큼 나서는 AI바이리.

유적지 곳곳, AI바이리의 세계에 조금씩 균열이 생기고 있다.

동료 스텔라가 AI바이리를 쫓아온다.

| 스텔라 | 무슨 일 있어?
Is something wrong? |
| AI바이리 | 지아가 없어졌대.
Baijia is missing. |

스텔라 무슨 소리야? 그럴리가... 대니!

What... What do you mean?

How did she go missing? Hey! Danny!

급하게 다른 동료를 부르는 스텔라.

빠른 걸음으로 차에 오르는 AI바이리를 쫓아간다.

대니 어디 가는 거야?

Where are you going?

AI바이리 여기 너무 오래 있었어.

I've stayed here too long.

스텔라 그게 무슨 말이야?

What do you mean?

대니 어떻게 가려고? 그냥 이렇게 가면 안 돼.

How are you going to go? You can't just leave like this!

AI바이리는 망설임 없이 안전벨트를 메고 출발하려 한다.

그때 차로 뛰어오는 다른 동료, 하난.

하난 바이리! 생명의 나무를 찾은 것 같아!

Baili, It looks like the tree of life!

순간 멈칫하는 AI바이리,

그러나 결심한 듯 시동을 걸고 유적지를 떠난다.

당황스러운 동료들.

하난	바이리 어디 가?
	Is she going somewhere?
스텔라	모르겠어. 대체 무슨 일인지. 바이리!!
	I don't know, what happen to her.

77. 사막. 낮.

주저 없이 세차게 달리는 AI바이리의 차.

화란에게 전화를 아무리 걸어봐도 받질 않는다.

그런 AI바이리 차 앞을 막는 낙타 떼. 끼익 멈춰 서는 AI바이리.

낙타 떼를 모는 가족들이 반갑게 인사를 한다.

서둘러 그들을 비껴서 다시 차를 달리는 AI바이리.

그런데 아무리 달려도,

아까부터 계속 같은 곳을 맴도는 것 같은 기분이다.

또다시 나타나 AI바이리의 길을 막는 낙타 떼와 가족들.

AI바이리, 아까와 똑같은 표정으로 웃고 있는 가족을 보고

이상함을 느낀다. 뭔가 다른 균열이 느껴지는 세계.

차를 돌려 다른 길로 내달리는 AI바이리.

78. 모래폭풍의 사막. 낮.

마음이 급한 AI바이리,

무작정 달려 모래 언덕을 힘겹게 오르는데.

갑자기 눈앞으로, 거대한 모래폭풍이 막아선다.

막막하게 멈춰 선 AI바이리.

번개가 번쩍이며 휘몰아치는 모래 폭풍우와 마주하는데.

이내 결심한 듯, 결연한 얼굴로 폭풍 속으로 뛰어든다.

79. 원더랜드 회사 작업실. 낮.

누군가와 통화하며 급하게 들어오는 해리.

긴급한 상황인 듯 작업실의 모니터들도 혼란하다.

해리　　확인하고 다시 연락드릴게요.

작업 테이블 앞에서 정신없이 분주한 현수.

현수　　바이리가 깨어났어요.

해리　　왜?

현수　　모르겠어요. 다시 중지시켰는데, 안 되네요.

　　　　　　지금 우리 시스템으로 접근하고 있어요.

해리는 바이리의 입자들을 살펴본다.

테이블 모니터, 바이리를 구성하는 입자들이

모두 거세게 요동치고 있다.

해리　　접근 못 하게 방화벽을 세워보자.

다급히 성준을 부르는 해리.

80. 모래폭풍 안. 낮.

어두운 모래폭풍 안.
휘몰아치는 거센 모래바람 속을 AI바이리 차가 달린다.
계속 다급하게 전화를 시도하는 AI바이리.

AI바이리 여보세요? 공항이죠? 여보세요? 누구 없나요?
아무도 안 들려요?
여보세요? 누구 없나요? 여보세요?
Hello? Is this the airport? Hello? Anybody hear me?
Hello? Anyone there?

81. 용식의 해변가. 해 질 녘.

한가롭게 해변가 바에서 술을 마시고 있는 AI용식.
갑자기 AI용식 뒤 해변가에 마른번개가 내리친다.
흔들리는 AI용식의 술잔.
뒤돌아보는 AI용식 얼굴로 어른거리는 번개 빛.

82. 우주 정거장 밖. 낮.

우주 정거장 외부를 수리 중이던 AI태주.
갑자기 번개가 내리친다.
놀라 당황하는 AI태주. 갑자기 더 강한 번개에,

틩겨나가는 우주의 AI태주.

83. 모래폭풍 안. 낮.

성준, AI바이리를 찾아 달리고 있다. 속도를 올리는 성준.
한편 AI바이리는, 포기하지 않고 폭풍 속을 어떻게든
뚫고 나가고 있다. 그러나 이내 헤드라이트도 꺼지며,
더 이상 가지 못하고 멈춰버리는 AI바이리의 차.
자신을 휘감는 모래바람을 바라보는 AI바이리.
막막함을 이겨내려는 얼굴이다.

AI바이리   지아야. 엄마가 가고 있어.

白佳.. 妈妈马上回来。

AI바이리, 다시 용기를 내 차를 돌려보려 하는데.
어디선가 들려오는 경적 소리.
AI바이리의 눈앞으로, 성준의 차가 다가와 선다.
차에서 내려 AI바이리를 향해 달려오는 성준.
힘겹게 AI바이리를 꺼내자, AI바이리의 차가 뒤집히며
폭풍에 실려 날아가 버린다.
AI바이리를 꽉 끌어안고 버티는 성준.

성준   바이리. 지금 꿈을 꾸고 있는 거예요.

This is just a dream.

AI바이리   꿈이요? 아니에요.

A Dream..? No..

성준   그럼 이게 진짜일까요?

Do you think this is real?

AI바이리   (의아하게) 무슨 소리예요?

What do you mean?

AI바이리를 물끄러미 바라보는 성준.

눈이 마주치는 둘.

성준   진짜라고 생각하면 그렇게 될 거예요.

If you think it is real, then it is.

잠시 서로를 바라보는 두 사람.

AI바이리, 이해하려 애쓰며 성준을 바라보는데..

모래바람과 함께 사라져버리는 성준.

더욱 거세지는 모래폭풍.

이내 모든 것이 어둠 속으로 사라진다.

아무것도 없는 고요한 암흑의 세계.

멀리서 아득하게, 빛의 입자들이 떠오르기 시작한다.

바이리가 남긴 기억의 입자들이다.

빛을 발하며 춤추듯 흩날리는 기억의 입자들.

어느새 들리기 시작하는 기억 속 목소리들.

그 기억들 사이로 나타나는 바이리.

84. 원더랜드 일립스들의 공간.

희미하게 모습을 드러내는 생명의 나무.
바이리의 기억들이 모여 만든 생명의 나무가
이내 아름답게 반짝인다.
멀거니 마주하고 서 있던 바이리.
자신을 감싸안아주는 듯한 생명의 나무 속으로,
한걸음 내디딘다.

85. 원더랜드 회사 작업실. 낮.

테이블 모니터 위의, 요동치는 입자들을 바라보는 현수와 해리.

현수   (다급하게) 바이리가 방화벽을 뚫고 넘어갔어요.
바이리 데이터를 모두 지워야 할 것 같아요.

급하게 시스템을 만지는 현수. 해리는 혼란스러운 표정이다.

현수   지울게요.
해리   바이리 가족이 다시 찾으면?
현수   그땐 다시 만들면 되죠.
해리   그게 다시 만들면, 같은 사람이 아니더라구.
현수   그게 무슨 소리예요?
해리   우리 엄마 아빠.

현수를 바라보는 해리의, 복잡한 표정.

현수, 작업하던 걸 멈추고 해리를 마주 본다.

해리　　나도 지웠다가 다시 만든 적이 있었어.

　　　　　진짜라고 믿었던 게 가짜가 되는 건

　　　　　정말 한순간이야. 1초도 안 걸려.

망설이는 기색이 역력한 해리.

현수 뭐라 말해야 좋을지 몰라 돌아앉는다.

이때 해리, 누군가 자신을 부르는 것 같은 이끌림에,

부스로 다가선다.

에러가 나 흔들리는 부스창 사이로, 누군가가 보이는 것 같다.

홀린 듯 바라보는 해리.

서서히 나타나는 이상한 형체. 더 가까이 가보는 해리.

건너편에, 바로 바이리가 서 있다.

바이리도 누군가가 자신 앞에 서 있는 걸 느끼는 듯한 표정이다.

서로가 누구인지도 모르면서, 손을 뻗어보는 해리와 바이리. 아련한데.

갑자기 스크린이 확 꺼지며, 부스창 역시 본래의 유리창이 되어버린다.

어수선한 작업실 바깥 복도가 드러나며,

직원 한 명이 유리창 너머로 해리에게 괜찮아? 묻는다.

아무 말도 하지 못하는 해리.

부스창이 꺼진 걸 보고 놀라는 현수.

현수　　이러면 안 되는데. 시스템이 꺼지고 있어요.

　　　　　바이리 데이터가 왜 안 지워졌지?

해리　　바이리, 바이리가 원하는 게 있는 것 같아. 뭔가 달라.

현수	당연히 다르죠, 에러니까.
해리	에러가 아닌 거 같아. 네트워크 열어주자.
현수	어쩌려구요.
해리	(단호하게) 열어주자.

현수, 그런 해리를 이해할 수 없어 바라보지만.

해리는 말로 설명할 수 없는 직감이 어린 표정이다.

어쩔 수 없다는 듯 한숨을 쉬는 현수.

현수	그래요. 그렇게 쳐다보는데 어떻게 안 해요.

현수, 마음먹은 듯 숨을 크게 몰아쉬고는 네트워크를 모두 여는데,

그 순간 작업실의 모든 시스템이 완전히 꺼져버린다.

놀라는 해리와 현수.

86. 공항. 낮.

공항의 사람들에게 일제히 걸려오는 전화.

여보세요. 알 수 없는 소리들.

잘못 걸려왔다며 그냥 끊는 사람들,

주변을 둘러보는 사람들로 공항이 소란스럽다.

87. 공항 탑승구. 낮.

멀어지는 비행기를 바라보던 태주.
무겁게 일어서는데, 전화가 걸려온다.
모르는 번호. 의아하게 받는데, 노이즈 가득한 소리
너머로 바이리의 목소리가 아득하게 들려온다.

AI바이리(V.O) 여보세요? 들리나요? 제발 끊지 마세요.

이상하게 들리겠지만 제발 날 좀 도와주세요. 듣고 있죠?

Hello? Can you hear me? Please don't hang up.

I know this sounds weird.

But I just feel like you can help me.

간절한 목소리에 멈칫, 집중해 들어보는 태주.

AI바이리(V.O) 잃어버린 아이를 찾고 있어요. 혼자 있는 아이 못 보셨나요?

I'm looking for my kid.

Do you see a little girl around you?

태주, 자기도 모르게 주변을 둘러본다.

AI바이리(V.O) 엄마가 갈 테니 꼼짝 말고...

Tell her to stay there. I'm coming.

겨우겨우 이어지던 AI바이리의 목소리가 그대로 뚝 끊겨버리는데.
어쩐지 불안해 주변을 살피는 태주.

사람들 사이로 보이는 아이들. 모두 부모나 보호자와 함께인데.

태주의 시선이 머무는 어딘가.

활주로로 나가는 비상구 옆.

식수대 앞에 서 있는 지아가 눈에 들어온다.

비상구 쪽을 흘깃거리는 지아.

비상구 문밖으로 나가버린다.

88. 공항 활주로. 낮.

활주로에서 주위를 살피는 지아.

낙타가 그려진 비행기가 보인다. 주저 없이 내달리는 지아.

빠앙! 갑자기 지아의 시야 밖에서 나타나는 화물차.

그대로 치일 뻔하는 지아를 안고 바닥을 구르는 누군가― 태주다.

바닥에 넘어진 지아, 울지도 않고 씩씩하게 태주를 바라본다.

89. 공항 탑승구. 낮.

탑승구 대기석에 함께 앉은 태주와 지아.

태주	근데 어디로 가려고 했던 거야?
지아	엄마한테요.
태주	엄마한테?
지아	네.
태주	혼자?

지아	네.
태주	너 참 용감하다.
지아	근데.. 진짜 엄마한테 전화 왔어요?
태주	응. 지금 여기로 오시는 중이래.
	지아 보고 기다려달라고 하셨어.
지아	엄마가 기다려달라고요?
태주	응.
화란	지아야!
	白佳!

멀리서 화란의 목소리가 들린다.
자리에서 폴짝 일어나 뒤의 의자 밑으로 숨는 지아.
헐레벌떡 지아를 향해 달려오는 화란.
태주에게 어눌한 한국어로 감사의 인사를 하면서
단숨에 지아를 꼭 껴안는다.

화란	감사합니다.
	지아야, 할머니가 걱정돼서 죽을 뻔했어.
	白佳呀, 你吓死外婆了。

지아도 말없이 화란에게 안긴다.
지아 손을 꼭 붙잡은 채로 태주에게 연신 고맙다고
인사하는 화란.

화란	감사합니다. 감사합니다.
	얼른 인사해야지.

快谢谢叔叔。

지아   감사합니다.

그런 지아에게 애써 밝게 인사해주고 떠나는 태주.

화란   이제 우리 가자.

白佳, 我们该走了。

화란이 지아를 데리고 가려고 하자, 안 가고 버티는 지아.

지아   여기서 기다리랬어, 엄마가. 엄마한테 전화해줘.

妈妈说让我在这儿等着, 给妈妈打电话。

화란   엄마 전화 못 받아. 나중에 다 말해줄게.

妈妈接不了电话了, 以后会告诉你的。

지아   전화 안 하면, 안 갈 거야.

不打我不走。

화란, 지치고 붉게 충혈된 눈으로 망설이다 전화기를 꺼내 건넨다.

얼른 엄마에게 전화를 거는 지아. 화란, 지아의 반응을 살피려는데

예상과 달리 AI바이리가 다시 전화를 받는다.

반갑게 엄마! 외치는 지아. 화란, 놀라 본다.

지아   엄마 어디야?

妈妈, 你在哪儿?

AI바이리   엄마.. 공항이야.

妈妈.. 妈妈在机场啊。

지아 진짜? 어딨어??
真的？在哪儿？

지아가 있는 공항과 같은 곳에 있는 듯한 AI바이리.
그 모습에 반색하는 지아.
엄마도 공항에 있다는 사실이 너무 기쁘다.
얼른 주변을 돌아보는 지아.
분명 엄마와 지아가 같은 공간 같은데,
어디에도 엄마가 없다.

지아 엄마 어딨어?
妈妈在哪儿？

지아에게 더 가까이 오는 AI바이리.
현실의 공항과 원더랜드의 공항이 합쳐져 보인다.
양 끝에서 나란히 마주 보고 서게 되는 AI바이리와 지아.
그러나 두 세계가 겹쳐져 하나의 세계로 보이는데도,
누구도 서로 오갈 수가 없다.

지아 엄마 안 보이는데. 엄마 어딨어?
我看不到你啊。

지아는 아무것도 모른 채, 애가 탄다.

지아 엄마가 안 보여. 엄마 어디 있는 거야?
我看不到妈妈。妈妈，你在哪儿？

쉽게 대답을 못 하는 AI바이리.

화란도 자기도 모르게 주위를 살핀다.

지아, 이상한 기색을 느끼며 AI바이리를 본다.

지아   엄마..

      妈妈。

AI바이리   엄마는.. 엄마는, 죽었어.

      妈妈已经死了。

그런 AI바이리를 보는 지아.

화란, 터져나오는 울음을 겨우 막는데.

지아를 지그시 바라보는 AI바이리, 이전의 AI바이리와 다른 눈빛이다.

지아, 할머니 화란과 엄마 AI바이리를 말없이 본다.

그렇게 한참을 말없는 지아.

그런 딸을 숨죽이고 바라보는 AI바이리.

지아   그래도..

      那..

AI바이리   ...

지아   잠자기 전에 책 세 권 읽어줄 수 있어?

      今天晚上睡觉之前还能给我读三本书吗？

애써 웃는 AI바이리.

AI바이리   그럼. 당연하지. 근데 세 권으로 되겠어?

      우리.. 여섯 권은 어때? 좋지? 여섯 권으로 하자!

好, 当然呢。三本啊, 三本怎么够呢? 要不读六本? 六本, 好不好?

그제서야 서로 웃어주는, 지아와 AI바이리.

AI바이리   지아야, 이제 지아도 다 컸지?
　　　　　　　혼자서도 잘할 수 있어 그치?? 어떻게 하는 거였지?
　　　　　　　白佳.. 你长大了, 你现在是小姐姐了, 对不对?
　　　　　　　你会好好照顾自己的对吗? 怎么照顾呀?
지아   나 알아, 잘 먹고 잘 자고 운동도 열심히 하고.
　　　　　　　我知道, 好好吃饭好好睡觉好好运动
AI바이리   그렇지. 잘했어.
　　　　　　　好样的

　　　　　　　원더랜드 안의 공항에 우두커니 서서
　　　　　　　씩씩하게 말하는 지아를 바라보는 AI바이리.

AI바이리   할머니 좀 바꿔줘.
　　　　　　　把手机给外婆。

　　　　　　　화란, 전화를 받아 든다.
　　　　　　　AI바이리와 눈을 마주치는 화란.

AI바이리   엄마, 나 여기서 잘 지내요. 엄마한테 내가 빚진 게 너무 많네.
　　　　　　　엄마.. 내가 다음 생에 꼭 갚을게. 다음 생에는 내가 엄마하고,
　　　　　　　엄마가 내 딸 해. 내가 잘 돌봐줄게, 진짜 좋은 엄마가 되어줄게.
　　　　　　　妈, 我在这里挺好的, 我这欠你的呀, 来世再还。

来世我 做妈妈你做女儿。

我好好照顾你。放心我一定做的肯定很好。

화란, 입술을 깨물며 끝까지 울음을 참으려는데 도저히 참을 수가 없다.

겨우겨우, 나오는 화란의 한마디.

화란 우리 딸.

孩子。

AI바이리 엄마, 건강 잘 챙겨야 해요. 잘 먹고, 잘 자고, 운동도 열심히 하고.

妈,你要好好照顾自己啊。好好吃饭好好睡觉好好锻炼身体。

화란 우리 딸 보고 싶어서 어떡하지.

妈妈好想你。

결국 울음을 터트리는 화란.

AI바이리, 그런 엄마에게 애써 웃어준다.

AI바이리 오늘 저녁에 또 통화할 텐데 왜 울어. 그만 울어.

哎呀,我今天晚上还打电话过来呢,别哭了。别哭别哭别哭别哭别哭。

화란 (애써 고개만 끄덕이는데)

AI바이리 엄마 또 흰머리 났네. 염색 좀 해야겠다.

내가 해줘야 하는데 어떡하지.. 미안해!

妈,你这儿白头发都长出来了, 该染染吧。恐怕我现在没法给你染

喽。Sorry.

화란 (겨우겨우) 괜찮아..

没关系。

AI바이리 (밝게 손 흔들며) 난 이제 일하러 가야겠다! 저녁에 또 만나요!

好了, 我去工作了, 拜拜。

전화를 끊는 AI바이리. 지아를 꼭 끌어안는 화란.
현실세계의 공항을 분주히 오가는 사람들.
그러나 공허한 얼굴의 AI바이리가 선 공항은 텅 비어,
AI바이리 혼자 남는다.

90. 원더랜드 회사 작업실. 낮.

초조하게 기다리던 해리와 현수.
꺼져 있던 모니터가 로딩 소리를 내며 다시 작동하기 시작한다.
원래대로 반짝이기 시작하는 바이리의 입자들.
안도의 한숨을 내쉬는 현수.

현수	다시 돌아왔네요.
해리	휴.. 그러네.
현수	선배 말이 맞았어요.
해리	고마워.
현수	근데.. 어떻게 된 걸까요.

생각이 골똘한 현수와 희미하게 웃으며
다시 시스템을 점검하기 시작하는 해리.

91. 원더랜드 회사 로비. 낮.

햇살이 좋은 오후. 로비를 걷던 해리, 전화를 받는다.

해리   예, 안녕하세요. 구정인 씨!

92. 활주로. 낮.

정인이 활주로에 서 있다. 해리와 통화 중이다.

정인   네, 안녕하세요. 저, 서비스 이제 그만 하려구요.

해리   아.. 뭐 불편한 점이라도 있으셨나요?

정인   아니요. 깨어났어요.

해리   네?

정인   태주가.. 돌아왔어요.

해리   아 네. 축하드려요!

그럼 서비스는 이만 종료하겠습니다.

정인   네.

전화를 끊지 않고 잠시 멍한 정인.

정인   저.. 마지막으로 부탁이 있어요.

93. 우주. 낮.

푸르른 지구를 바라보며 떠 있는 우주 정거장.

94. 운동장. 늦은 오후.

스탠드에 나란히 앉은 태주와 정인.
두 사람, 나무 꼭대기에 아직 매달려 있는 연을 바라본다.

태주   나를 왜 우주로 보냈어?

정인   내가 생각할 수 있는 가장 먼 곳.
거기에 너가 있는 것 같았거든.

정인을 먹먹하게 바라보는 태주.

태주   가야겠다.

자리에서 일어나 운동장으로 걸어나가는 태주.
멀어지는 태주의 뒷모습을 바라보는 정인. 눈시울이 붉어진다.
그런 둘이 떠올리는, 이 공간의 행복한 기억들.

cut to.
함께 연날리기를 하던 태주와 정인.
연이 나무에 걸려 태주가 당황해 정인을 본다.

정인	아! 아.. 뭐하는 거야!
태주	아, 걸렸다, 이거 어떡해.
정인	아~ 바보 바보.
태주	걸렸다.
정인	걸렸다. 연이 걸렸다.

나무를 타고 올라가 연을 꺼내려고 시도하는 태주.

정인	올라가게? 오오!
태주	헤헤. 못 올라가겠어.

웃으며 자전거를 타는 둘.

정인	태주야 사랑해.
태주	안 들려.
정인	태주야 사랑해.
태주	안 들려.
정인	나 이제 자전거 잘 탄다.
태주	나 없어도 잘 타야 돼.
정인	아니지, 같이 타야지!
	아~ 진짜.
태주	나 없어도 잘 타야 돼. 알았지? 건강해야 돼, 아프지 말고!
정인	안 돼애~

그렇게 함께 웃던 기억이 어린 운동장을 이제 떠나던 태주.

나가지 못하고 이내 다시 돌아본다.

아무 말 없이 서로를 바라보며, 둘 다 눈에 눈물이 가득 고인다.

차마 붙잡지 못하는 정인과, 달려나가는 태주.

정인의 시야에 태주가 완전히 사라진다.

적막한 운동장을 바라보면서도 차마 따라 나가지 못하고 앉은 정인.

너무 고요하다.

95. 교문 앞. 늦은 오후.

멀리 걸어가고 있는 태주의 뒷모습.

숨차게 뛰어나온 정인, 얼른 뛰어가 태주의 등을 끌어안는다.

태주, 말없이 그런 정인의 손을 잡는다.

그렇게 한참을 서 있는 두 사람.

태주, 결국 엉엉 울음이 터져버린다.

96. 우주. 낮.

우주에서 지구로 자유낙하하는 AI태주.

헬멧 안에 보이는 AI태주의 설레는 얼굴.

AI태주   정인아, 나 이제 집에 간다.

지구로 마침내, 돌아오는 AI태주.

97. 활주로. 낮.

정인 전화기 화면, "**구정인님의 원더랜드 서비스가 종료됐습니다**"

활주로에서 전화기를 보고 있는 정인.

전화기 든 손을 내리고 하늘을 올려다본다.

98. 공항 탑승동. 낮.

출국 게이트 앞으로 와, 성준이 앉은 벤치에 앉는 AI바이리.

AI바이리는 성준을 알아본 듯 씨익 웃는다.

성준은 AI바이리를 알아보지 못하고, 자신의 역할을 수행한다.

성준   여행가세요?

Traveling alone?

AI바이리   아니요, 가족들 보러 잠시 왔어요. 다시 일하러 가요.

Yes, I just came back briefly to see my family.

But I have to go now My work's waiting for me.

성준   그렇군요.

I see...

탑승 안내 방송이 나오고 일어나려는 AI바이리.

성준   오래 가 있나요?

Are you going away for a long time?

그런 성준을 보면서 웃는 AI바이리. 불쑥 중국어로 답한다.

AI바이리	네. 당신처럼요. 아시죠?
	和你一样。听懂吗？
성준	알아요.
	懂啊。
AI바이리	(웃으며) 중국어할 줄 아네요.
	你会说中文？
성준	할 줄 알죠..
	会啊。

성준과 AI바이리 가볍게 웃는다.

인사하며 일어서는 AI바이리.

서로 엇갈려 뒤돌아보는 두 사람. 그러다 다시 눈이 마주친다.

AI바이리, 기쁜 여행을 떠나듯 씩씩하게 사라진다.

99. 원더랜드 회사 정원. 낮. / 용식의 해변. 낮.

현수, 누군가를 기다리는 듯하다. 이때 전화가 걸려 온다.

현수를 향해 걸어오고 있는, 현수 엄마 길순이다.

| 길순 | 야.. 너희 회사는 들어오는데 왜 이렇게 복잡하니? |
| | 엄만 정신이 하나도 없다. |

엄마! 돌아보자 반갑게 아들! 부르며 현수 앞에 앉는 길순.

cut to.

길순, 전화기로 AI반려견과 통화 중이다.

발랄해 보이는 길순이다.

길순	우리 꼬미 아이 예뻐라. 꼬미야 꼬미야.
	우리 꼬미도 너네 회사로 좀 바꿔볼까?
현수	으음, 반려견은 이 회사가 더 좋아.
길순	그래? 꼬미 안녕~

현수도 누군가에게 전화를 건다. 금방 받는 누군가. AI용식이다.

길순, 의아하게 본다.

현수	안녕하세요. 선생님, 잘 지내셨어요?
AI용식	어어! 보내준 쿠폰으로 저녁 맛있게 먹었어!
현수	아~ 다행이네요. 가끔 연락하세요.
	저희 직원들은 쿠폰 자주 나와요.
AI용식	응, 땡큐!
현수	아! 선생님 잠시만요.
	저희 어머니랑 인사 좀 하시겠어요?
AI용식	으응?

현수, 길순에게 화면을 돌린다.

길순, 어안이 벙벙하다.

AI용식, 기억을 떠올리는 듯 잠시 조용하더니,

AI용식	어?? 길순 씨?

길순   어어? 용식이???

길순, 정말 놀란 눈치다.

길순   (현수에게) 잠깐만, 어떻게 된 거야?
현수   엄마, 이거 원더랜드 서비스야,
        지난달에 돌아가셨어.
길순   아아.. 그렇구나...
AI용식 그래, 어떻게 그동안 잘 지냈어요?
        이게 얼마 만이죠? 너무 반갑다.

길순과 AI용식, 서로를 잠시 바라본다.
아련한 기억들이 생각나는 듯한 표정이다.

길순   미안해요. 용식 씨.
AI용식 네?
길순   갑자기 말없이 떠나서.
AI용식 아. 그랬었나요?
길순   네..

현수, 그제야 상황이 파악된다는 듯 아아— 하는 표정이다.
피식 웃는 현수.

길순   네.
AI용식 뭐, 앞으로 잘하면 되지 뭐.
        우리 저기 가끔 통화해요.

길순   그래요. 잘 지내세요.

AI용식   네. 저기 길순 씨 전화번호 좀...

전화를 끊어버리는 길순, 현수를 빤히 본다.
멋쩍어하다 손을 내미는 길순.

길순   아들..

서로 다 안다는 느낌으로 쳐다보고 웃는 길순과 현수.

끝.

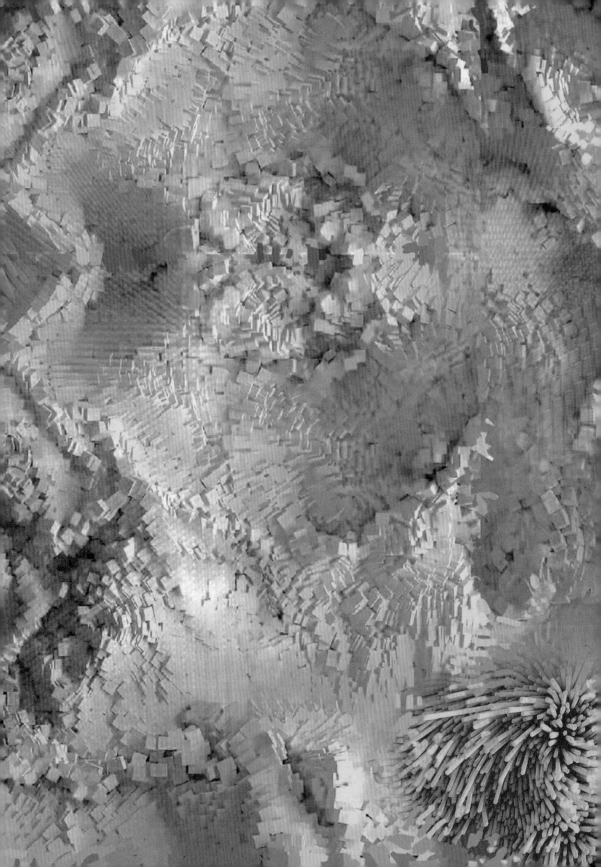

제작

스토리보드 & 감독 코멘터리
인터뷰 | 박관수 제작자
　　　 | 박병주 VFX 수퍼바이저

S#10	원더랜드_세계 공항	D	CUT
	원더랜드 외관, 원더랜드 프로그램 점검하는 현수와 해리	S	

C#2

원더랜드를 만드는 회사의 한 작업실.
죽은 사람의 정보를 수집하고 데이터화하는 일을
하는 플래너, 해리와 현수가 AI바이리를 만들고 있다.
바이리의 기억들을 토대로 만들어진 AI바이리는
이제, 원더랜드라는 세계에 살며 남은 가족과
영상통화를 할 수 있게 된다.
현수의 작업화면 위로 바이리의 기억들이
저장되고 있다.
은하수처럼 반짝이며 움직이는 바이리의 조각들.
그 모습을 신중하게 지켜보는 해리와 현수.
마침내 완성된 원더랜드 속의 바이리가 진짜 같은지,
제대로 작동하는지 점검하기 시작한다.

C#2

원더랜드 사옥에 대해 여러 레퍼런스가 있었는데요, 가장 중점에 둔 것은 너무 미래적이지 않았으면 하는 점이었어요. 제가 생각하는 원더랜드 사옥은 조금 낯선 느낌이 들면서도 어딘가에 있을 것 같은 느낌이면 좋겠다는 생각이 들었고 여러 장소를 알아보다 아모레퍼시픽 사옥을 원더랜드 사옥으로 결정하게 되었죠. 대중 매체에 한 번도 공개된 적이 없는 공간이기도 했고, 건축물이 주는 미래적인 느낌이 참 좋았거든요. 단 한 컷이 나오더라도 땅에 붙어 있는 듯, 붙어 있지 않는 듯한 아름다운 건축물이 원더랜드 사옥이었으면 좋겠다는 생각을 했어요.

건물 외벽에 인물 사진들이 쭉 있어요. 원더랜드의 AI 직원들이죠. 성준도 있고요, 반려동물 AI도 있어요. 어떤 사람은 강아지가 돕고, 어떤 사람은 성준 같은 사람 AI가 돕는 거죠. 현미라는 이름의 AI도 있는데, 용식을 도와주는 역할이었죠. 하와이에 동행하는 인물이죠. 그런데 편집되어서 대화하는 장면이 나오지는 않아요. 용식이 공항에서 현미에게 자꾸 농담을 건네는데 현미가 왜 이렇게 질척대냐는 표정으로 핀잔을 주는 장면이 있었어요. 용식의 원래 성격을 다 반영해야 했기 때문에 그런 성격도 다 보여지게 된 거죠. 원더랜드의 인물 설정에 대해 보여줄 수 있는 장면이 더 있었는데 러닝 타임 때문에 편집되었죠.

내부는 모두 세트인데요, 라디오 부스처럼 실제 있는 공간처럼 느껴지길 원했어요. 사무실과 원더랜드 사옥 복도 사이의 유리창은 어떤 때는 스크린이 되고, 어떤 때는 창이 되기도 하는데요, 나중엔 각성한 AI바이리와 해리가 마주하게 되는 경계가 되면서 가상과 현실의 경계로서 신비한 소통 창구의 역할을 하게 되죠. 영화가 말하는 실존이라는 것에 대해 보여준 장치 중 하나라고 생각해요. 원더랜드의 세계와 현실 세계를 이어주는 포털의 느낌이랄까요.

해리와 현수가 사용하는 화면은 세 가지예요. 하나는 라디오 부스처럼 보이는 빅 스크린인데 이 거대한 스크린을 통해서 원더랜드 세계를 만들고요, 하나는 현수가 죽은 사람들의 데이터를 모으고 집합하는 업무용 스크린, 그리고 마지막은 우리가 영화상에서 일립스라고 부르는 거대한 데이터를 보면서 조작할 수 있는 테이블 탑 스크린이에요. 다른 영화에서는 이런 데이터를 숫자나 문자 기호로 표현하는데 우리는 좀 더 물성을 가지고 있는 그래픽으로 표현해보자고 의견을 모았어요. 테이블 탑 스크린에 펼쳐지는 데이터를 보면 형형색색의 입자들이 현란하게 움직이죠. 데이터별로 색이나 농도, 깊이를 보면서 데이터의 안정감을 해리와 현수가 파악할 수 있다고 설정했어요. 평소에 사용하는 날씨 어플에 습도 40%, 구름의 양 25% 이렇게 단순하게 숫자로 보는 것보다 지도에 색이나 밀도 등이 추가되어서 더 직관적이고 감정적으로 와닿을 수 있는 시각적 정보 전달 효과를 줄 수 있으면 좋겠다는 생각이 들었어요. 세계 지도를 펼쳤을 때 인구가 많은 나라를 진한 빨강으로 표시하면 더 직관적으로 인식할 수 있는 것처럼요.

S#13 S#17	원더랜드 세계_공항 탑승동	D	CUT
	공항에서 탑승 대기 중인 AI바이리, AI바이리와 대화하는 성준	S	

C#3

그녀가 앉아 있는 곳,
모두들 어디론가 떠나는 분주한 공항이다.
문득 옆을 보면, 벤치 옆자리에 한 남자가 앉아 있다.
성준이다.

성준　　　얼마나 오래 가세요?
AI바이리　석 달 정도요.
성준　　　석 달이나... 딸이 많이 보고 싶겠어요.

성준　　　네, 그럼 우리 서로 연락해요.

흔쾌히 전화기를 마주 대는 두 사람,
연락처가 반짝! 서로 전송된다.

AI바이리　그럼 잘 가요!
성준　　　네, 좋은 여행되세요!

탑승구에 들어서며 씩씩하게 손 흔드는 AI바이리.
정말 여행을 떠나는 것처럼 밝은 얼굴이다.
성준, 안도하는 표정으로 지켜본다.

C#3

공항은 원더랜드 서비스를 신청한 사람들이 각자가 원하는 곳으로 떠나기 전의 대기 공간으로 생각하면 될 것 같아요. 공항을 원더랜드의 첫 관문으로 설정한 이유는 공항이라는 공간이 실제로 어딘가로 떠나기 전의 장소를 상징하기 때문에 물리적으로 이사 가는 느낌을 주기에 적합한 장소라고 생각했어요. 이곳에서 AI 서비스가 시작되기 전에 마지막 테스트 같은 것들이 이루어지고, 이 테스트를 통과하면 각자가 소원했던 곳으로 가게 되는 거고요. 태주의 경우 우주이고, 용식의 경우 하와이, 진구의 경우 런던, 바이리의 경우 유물 발굴 장소인 요르단으로 가게 되는 거죠. 실제 이 장면을 촬영할 때 한참 코로나19가 성행하던 시절이었기 때문에 실제 촬영은 하지 못했고요, 전체 프레임만 짜두고 모두 CG로 만들었어요. 그래서 실제 공항보다 덜 번잡하면서도 공항의 기본적인 기능만 남아 있는 단순화된 공항 같은 느낌이 들어요.

성준은 바이리의 전담 AI예요. 모든 인물들에게는 숨어 있는 존재들이 하나씩 있다고 설정했어요. 그래서 자연스럽게 친구가 되기도 하고 동료가 되기도 하고 편집에서 빠지긴 했는데 하와이에 있는 용식에게는 하와이의 어떤 바에서 일하는 사람이 전담 AI로 되어 있었어요. 태주도 마찬가지로 우주 정거장에 같이 일하는 직원 한 명이 태주의 도우미로 설정되어 있었죠. 하지만 여러 여건 상 편집하기도 하고, 촬영이 불가하기도 해서 최종 완성본에는 성준만 살아 남았죠. (웃음) 나머지는 각 AI의 근처에 어떻게든 존재하고 있다고 생각하시면 될 것 같아요.

| S#34 | 정인의 집 | D | CUT |
| | AI태주와 저녁식사하는 정인, 병원으로 달려가는 정인 | S | |

C#9

저녁을 먹는 정인. 커다란 화면으로,
우주의 태주와 함께라 즐거운 저녁이다.

우주에서 정인이 있을 지구를 바라보며,
술을 같이 마시는 AI태주.
우주 정거장 안을 동동 떠다니는 술 방울들.

AI태주 와 이쁘다. 지구는 매일 봐도 새로워.

그런 AI태주를 바라보는 정인,
어느새 쓸쓸해지는 표정을 얼른 거두려 애쓴다.

창가에 서서 창밖에 떠 있는 달을 바라보는 정인.
저 멀리, 태주가 진짜 있을 것만 같다.

C#9

굉장히 애처롭고 예쁜 장면인데요, 장면도 장면이지만 비하인드를 말씀드리자면 안주로 먹었던 회가 광어거든요. 어떻게 알았냐면 저희가 개봉 후에 무대 인사를 다녔잖아요. 배우의 팬 분들이 여러 회차 관람을 하셨더라고요. 가장 많이 보신 분이 10회를 보셨다고 하셔서 퀴즈를 냈어요. 정인이 먹었던 회가 무엇이냐고요. 그랬더니 광어라고 대답하시더라고요. 어떻게 아신 거냐고 물었더니, 너무 많이 봐서 생선의 결이나 색을 보고 아셨다는 거예요. 정말 놀라웠어요. 그래서 퀴즈를 더 냈어요. 태주가 지아를 구할 때 요르단행 탑승구가 스쳐지나가거든요. 그 탑승구 번호는 몇 번일까요, 하고 물었는데 바로 143번이라고 답해서 모두가 놀랐어요. 신기하고 재미있어서 태주와 정인이 자전거를 타는 회상 장면에서 둘의 자전거 색깔을 물었는데 바로 답하시더라고요. 파란색과 흰색이라고. 수천 번 본 저도 잘 기억을 못 하는 부분을 팬분들이 기억해주셔서, 너무 정성스럽게 봐주신 것에 대해 몹시 감사하고, 약간 무서운 느낌도 들었어요. (웃음)

정인이 우주의 태주와 함께 노래를 부르다가 그리움을 견디지 못하고 태주의 병원으로 달려가잖아요. 건강하고 밝은 우주의 태주와 아픈 태주가 대비되길 바랐어요. 정인이 차가운 시체 같은 몸을 안고 누웠을 때의 그 아픈 마음이 보는 분들에게 전해지길 바랐어요. 영화에는 자세히 설명되지 않지만 실제 태주는 갑작스럽게 교통사고를 당한 것이고 2년 넘게 뇌사 상태에 빠져 누워 있는 설정이에요. 정인이 원더랜드 서비스를 이용하려면 사망에 준하는 상태여야 했기 때문에 존엄사가 가능한 의학적 단계인 뇌사로 설정했어요. 태주가 깨어나는 건 3년 째였을 때입니다.

추가 컷

팬분들이 많이 좋아해주신 장면이죠. 원래 콘티에는 없어요. 이 장면은 굉장히 늦게 결정됐어요. 방준석 음악감독님과 보검 씨가 같이 만들었는데, 방감독님이 이 곡까지 만들고 돌아가셨어요. 저희에게는 정말 의미 있는 시간으로 남아 있어요. 제가 처음 가사를 적고 방감독님이 노래를 만들었는데 가사가 마음에 들지 않아서 보검 씨에게 한번 써보면 어떻겠느냐고 부탁했고, 보검 씨가 흔쾌히 태주의 마음으로 고쳐 완성해줬어요. 제목도 직접 지어주었고요. 저는 이 모든 과정이 좋았거든요. 결과적으로 나온 장면도 너무 아름다웠지만 만들 때 정말 행복했기 때문에 저에게도 보검 씨에게도 남다른 기억으로 남아 있어요. 사실 이 장면을 넣겠다고 했을 때 많은 스태프가 반대했어요. 뮤지컬 영화도 아니고 왜 둘이 갑자기 노래를 하냐고, 좀 생뚱맞지 않겠냐고 걱정을 많이 했었는데 찍으면서 모두 그 장면을 좋아하기 시작했어요. 원래는 정인이 광어회를 먹고 태주의 병원에 가는 게 끝이었거든요. 이 장면 없었으면 정말 큰일 날 뻔했어요. (웃음) 제가 원래 즉흥적인 걸 좋아해요. 옛날 감독이라. 많은 아이디어를 내고 실행해보자고 할 때 그런 부분들을 스태프들도 배우들도 이해해줘서 잘 나온 장면 중 하나인 셈이죠.

S#38	중국집, 장례식장	D	CUT
	AI부모님과 통화하는 해리, 조문객을 맞이하는 AI용식	S	

C#13

해리의 전화가 울린다.
영상통화에 띵— 뜨는 얼굴. AI해리엄마다.
공원에서 조깅 중인 AI해리엄마.

AI해리아빠 뭐라고? 연애한다고?

뒤처져 있던 AI해리아빠가 화면으로 뛰어 들어온다.
일이 커졌다. 낭패라는 해리 표정.

C#40

장례식장에는 원더랜드로 복원된 용식이
밝게 웃고 있다.
직접 조문객을 맞이하는 AI용식을 물끄러미 보는 현수.

AI용식 여기 김사장 왔다.
용식아들 오셨어요. 아버지 유언이셔서...
조문객 어... 그래... 잘 있지?

AI용식 너무 좋지! 자네도 얼른 와!
조문객 에이 아직은..
AI용식 머리 더 빠졌네.
조문객 (버럭) 아니야!

C#13

되게 자연스러운 일상 같은 장면이죠. 처음에 해리의 엄마와 아빠가 AI인 줄 모르셨다가 나중에 알고는 놀라는 분들이 많으셨더라고요. 저는 이 장면을 통해서 AI를 의미 있는 관계로 받아들일 것인가, 그리고 받아들인 후에 우리의 삶은 어떻게 변하는가에 대해서 이야기하고 싶었어요. 해리의 부모님은 해리와 10년 이상을 성장하면서 함께 늙어가는 것으로 설정되어 있어요. 해리와 엄마가 수시로 통화를 하는데, 엄마가 그때마다 잔소리도 하고, 이것저것 참견도 하죠. 그런데 해리가 한 번 서비스를 해지했던 적이 있어요. 일상이 되어버린 AI와의 생활 속에서 안정감을 느끼긴 하지만 근본적인 외로움을 가지고 있기 때문에요. 저는 해리의 경우를 통해 삶이 계속되고 있는 이 순간에도 무엇을 나누고 무엇을 나눌 수 없는가에 대한 의문을 나누고 싶었어요.

C#40

죽은 사람이 자신의 장례식장에서 조문객을 맞이하는 경우도 있을 것 같다는 생각에 이 장면을 넣게 됐어요. 가장 현실적이면서, 사람들이 놀라운 기술을 맞닥뜨리는 일상의 한 순간이기도 할 것 같아서요. 용식이 죽기 전 해리에게 자신의 장례식이 보고 싶다고 말하자, 장례식 이후에 모든 것이 초기화되어서 (자신이 죽었다는 사실을 모르는 순간부터) 서비스를 시작하게 될 거라고 말하거든요. 원더랜드 서비스를 기획하면서 앞으로는 자신이 죽었다는 사실을 알고 그 이후의 상황을 연결하는 AI도 나올 수 있겠다는 생각이 들었어요. '난 죽었고, 여긴 천국이야'라고 인지하는 거죠. 그러면 경계 하나가 더 무너지는 거죠. 죽음을 의식하고 있는 AI라면 영혼과 같다고 볼 수도 있는 거죠.

S#42 S#44	병원_태주 병실, 병원_재활진료실	D	CUT
	깨어난 태주와 인사하는 정인, 재활 치료받는 태주	S	

C#24

급하게 병원 복도로 뛰어들어오는 누군가.
정인이다.

정인의 긴장된 표정. 조심스레 문을 열고
침대로 다가가는데..
태주가 우뚝— 앉아 있다.

정인 태주야...

태주의 멍한 얼굴에 약간의 표정이
떠오르는 듯도, 아닌 듯도.
멍하니 정인을 보는 태주.

C#27

땀을 뻘뻘 흘리며 재활 치료를 받는 태주.
태주, 정인만 보며 다가오다 투명한 유리문에
머리를 쿵 박는다.
놀란 태주, 민망해하는데.

정인, 자기 머리도 쿵! 박으며 같이 웃는다.

C#24

어떻게 표현해야 할까 고민을 많이 했어요. 너무 와락 껴안고 격하게 보고 싶었다고 감정을 내놓는 건 아닌 것 같았어요. 태주의 어색함, 정인이의 놀람과 반가움, 우주의 태주가 일상이 된 정인의 저 너머의 감정 같은 게 복합적으로 다루어져야 한다고 생각했어요. 관계의 심리적 거리를 유지하고 싶었어요. 두 배우가 그런 점에서 정말 잘 표현했다고 생각해요. 특히 정인이의 혼란스러움, 이게 진짜인가 아닌가 하는 그 떨리기도, 겁나기도 하는 그 심리 표현을 수지 배우가 잘 표현한 것 같아요. 그리고 이건 여담인데, 태주의 뇌 스캔 데이터는 사실 제 데이터예요. 뇌 사진이라고 해도 초상권이 있기 때문에 다른 환자 것을 쓸 수 없어서 제 데이터를 썼어요. 촬영 당시에 제가 몸이 너무 안좋아져서 쓰러진 적이 있거든요. 다행히 그렇게 큰 문제는 아니었는데, (그러니까 데이터도 제공했고요) 이렇게 볼 때마다 마치 제 알몸을 공개한 것처럼 부끄럽더라고요. 전문가가 보시면 더 자세히 보실 수도 있겠는데, 제가 의사 선생님께 듣기론 우리나라 직장인 30%는 이런 상태라고 들었어요. 희귀병은 아닌 거죠. 스트레스를 받지 말라고 하셨는데, 영화 만드는 일은 스트레스를 에너지로 써야 하기 때문에 쉽지 않죠. (웃음)

C#27

제가 개인적으로 좋아하는 장면인데요, 태주와 정인이 서로 말없이 애정을 확인할 수 있는 가장 좋은 방법이라고 생각했어요. 그리고 우리 영화가 가지고 있는 키워드가 관계의 경계에 대한 이야기다 보니 유리벽이 그 사이에 자리해 있고, 서로 쿵 하고 부딪힐 때마다 감촉을 공유하면서 경계를 의식할 수 있는 유일한 방법이라고 생각했어요. 경계를 가장 귀엽게 표현한 장면이 아닌가 싶어요. 결국에 경계를 의식하거나 뚫을 수 있는 방법은 서로의 아픔을 공유하는 방식이다, 라는 느낌으로 전달되기를 바랐던 것 같아요.

S#58 S#60	정인 집	D	CUT
	퇴원하고 집에 와 둘러보는 태주, 함께 영상을 보는 정인과 태주	S	

C#28

태주와 함께 집으로 들어오는 정인.
태주, 보조기구에 의지해 걷는다.

햇살이 가득 들어오고 있다.
건강했던 자신과 정인의 사진들을 보는 태주.

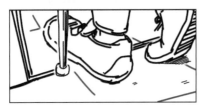

C#29

동네 운동장에서 자전거를 타고 놀던,
밝고 건강한 과거의 태주와 정인.

C#28 C#29

집이라는 공간은 두 사람이 함께한 기억을 공유하고 있는 공간이고, 미래가 공유될 공간이기 때문에 특히 신경 써서 찍었어요. 태주와 정인이 한 소파에 앉아서 과거 모습이 담긴 비디오를 볼 때 태주의 표정을 보면 과거의 자신을 보지만 먼 곳을 응시하는 듯 감정이 제대로 느껴지지 않아요. 그리고 정인이 자신을 안기도 하지만 아무런 감정이 없는 듯하거나, 어색해 보이기도 해요. '우리가 보기 전까지는 실체는 존재하지 않는다'라는 말이 있잖아요. 기존의 AI 영화들이 생존을 위해 실존을 다루고 있어요. 그런데 우리 영화에서는 '관계'를 통해 실존을 이야기해요. 그래서 관계 안에서 '이름'이 명명되는 순간 실재한다는 가설을 세우고 작업을 시작했어요.

| S#66A | 원더랜드 세계_숙소 텐트 | D | CUT |
| | 지아에게 팝업북 읽어주는 AI바이리 | S | |

C#19

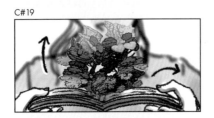

AI바이리, 숙소의 책상에 앉아 직접 만든 책을
한 장 한 장 넘기며 즐겁게 옛날이야기를 해준다.

AI바이리 아주 아주 오랜 옛날. 생명의
나무라는 게 있었어.
이 나무에는 사람들을 살리는
귀한 열매가 열렸단다.

AI바이리 그런데 어느 날 그 사실을 알고
질투가 난 괴물이 나무를 뽑아
바다에 휙 던져버렸어...

AI바이리 그리고 아주 오랜 시간이 지나서 큰
바다는 사막이 되었단다.

AI바이리 엄마가 바로 그 사막에 있는 거야.
옛날에는 여기가 아주아주 넓은
바다였었어. 신기하지?

C#19

창세기 3장 22절에 보면 선악과 나무 옆에 생명의 나무라는 게 나와요. 이브가 절대 손대선 안 된다는 경고를 지키지 않고 결국 선악과 열매를 따먹고 쫓겨나잖아요. 그런데 사실은 열매를 먹어서가 아니라 나무를 탐할까봐 쫓아낸 거예요. 성경에 "여호와 하나님이 이르시되 보라 이 사람이 선악을 아는 일에 우리 중 하나같이 되었으니 그가 그의 손을 들어 생명 나무 열매도 따먹고 영생할까 하노라 하시고 여호와 하나님이 에덴동산에서 그를 내보내어 그의 근원이 된 땅을 갈게 하시니라. 이같이 하나님이 그 사람을 쫓아내시고 에덴동산 동쪽에 그룹들과 두루도는 불 칼을 두어 생명 나무의 길을 지키게 하시니라"라는 구절이 있어요. 열매를 먹으면 하나님처럼 영생을 하게 되고 신의 영역을 침범하는 거라고 말하고 있죠. 저는 AI가 신의 영역을 건드리는 일종의 생명의 나무 같은 존재가 아닌가 싶었어요. 원더랜드 서비스가 어쩌면 성경에서 말하는 생명의 나무를 건드리기 시작한 것 같다는 생각이 들더라고요. 혹시 AI 이후에 인류의 문명이 끝나는 건 아닐까, 라는 식의 두려움이 창세기에 나오는 두려움과 비슷하지 않나 하는 생각이 들었어요. 어떻게 보면 죽음=끝이 아니라 원더랜드 AI로 영생을 꿈꿀 수도 있게 된 거니까요.

바이리가 마지막에 자신이 죽은 걸 인지하게 되죠. 처음엔 자신이 죽은 것을 몰라요. 그래서 딸 지아에게 엄마 지금 출장 왔다고 얘기하고, 며칠 밤만 지나면 돌아가겠다고, 데리러 온다고 얘기하기도 하죠. 그런데 맨 마지막에 사실 엄마는 죽었다고 말하면서 더 강한 인공지능으로 넘어서는 순간을 보여줘요. AI바이리가 스스로 여러 순간들, 간절한 장면들을 떠올리면서 각성을 겪고 그를 통해 스스로 딥러닝을 하면서 어떤 결과에 도달해가는 과정이라고 보면 될 것 같아요. AI의 또 다른 케이스인 거죠. 사실 저로서도 이 부분이 큰 숙제이기도 했어요. 이 과정을 과연 딥러닝이라고 이름 붙여야 할까, AI가 각성을 통해 깨달음을 얻는 게 맞나 하는 물음 같은 게 지금도 계속 있어요. AI바이리가 다양한 소통을 통해서 스스로 답을 도출하는 거죠. 친정 엄마와 통화를 할 때 엄마가 바이리에게 니가 왜 내 딸이냐고 쏘아붙인다든가, 선물을 사지 말라고 화를 낸다든가, 지아를 데리러 오겠다고 할 때 크게 화를 낸다든가 하는 행동에서 AI가 여러 가지 팩트를 조합하고 그 가운데 패턴을 이해하기 시작하면서 각성과 인식을 통해 자신이 죽었다는 결과에 도달하게 되는 거죠. 바이리가 가족의 곁에 남아 있겠다는 집착이나 의무감이 깨달음을 가져오고, 그 깨달음이 결국에 가족에 대한 집착에서 벗어나게 하고요. AI와 집착이라고 하는 지점이 재미있다고 생각했어요.

S#83	거리, 해리 집	D	CUT
	함께 걷는 해리와 현수, AI부모님에게 현수를 소개하는 해리	S	

C#14

현수   (불쑥) 선배, 내가 남자친구
역할해줄까요?
해리   뭐라고?
현수   힘들어 보여요. 내가 그냥 해줄게요.
해리   ...네가 한다 그랬다.

해리   잘해봐.

피식 웃는 해리.
다시 말없이 걷는 두 사람.

C#15

현수는 어색하게 집을 어슬렁거린다.
간결한 해리의 성품이 드러나는 집이다.

현수   안녕하세요. 저 김현수입니다.

분주하게 현수 그릇에 후추를 뿌려주는 해리.
그런 해리에게 연인처럼 다정하게 구는 현수다.

현수   어, 자기야 고마워.

C#16

솔직한 현수. 잠깐 연산해보는 듯,
해리의 아빠 표정이 약간 흔들린다.

AI해리아빠   어, 아버님이 독립적인 분이셨군.
현수   아.. 네..

C#14

해리의 공간은 과거와 현재가 섞여 있는 그런 곳이면 좋겠다는 생각을 했어요. 그래서 서울 시내에서 한옥이 가장 많이 있는 동네를 찾아 전통적인 건물이나 길 같은 요소들이 자연스럽게 배경으로 노출될 수 있게 했고요, 해리의 집 내부도 한옥을 개조한 듯한 느낌으로 꾸며서 전통과 현대가 섞여 있는 콘셉트로 진행했어요. 바이리와 태주가 현재 AI로 혼돈을 겪고 있다면 해리의 경우는 이미 많은 것들이 일단락된 상태잖아요. 해리의 일상은 미래 기술을 통해 부모님과 이미 많은 과거를 쌓은 상황이에요. 그래서 이런 공간의 콘셉트를 통해서 해리의 정체성이 잘 드러나길 바랐고요, 태주나 바이리처럼 받아들이게 하는 입장이 아니라 받아들여야 하는 입장을 잘 보여주고 싶었어요.

C#16

2006년도에 제가 연출한 〈가족의 탄생〉이라는 영화에서 정유미 배우가 맡은 역할인 채현이 두 엄마 사이에서 자라요. 그리고 남자친구를 소개하는 장면이 있거든요. 시나리오를 쓸 때는 이 장면과 해리와 현수의 식사 장면이 연결된다고 의식하지 못했는데 촬영을 하고 나니 두 작품을 연출한 입장이라서 그런지 묘한 연결점이 있다고 느껴지더라고요. 저만 느꼈을 수 있지만요. (웃음)

S#88 S#93	정인 집 앞, 지아 집	D	CUT
	바이리를 그리워하는 화란, 태주와 싸운 뒤 AI태주와 통화하는 정인	S	

C#44

짐을 정리하는지 박스에 물건을 넣고 있는 화란.
그러다 우뚝 멈춰 선다.

망설이다 어딘가로 전화를 거는 화란.

직원(V.O) 안녕하세요. 원더랜드입니다.
화란 네. 안녕하세요. 저 그만해도 될까요?
아뇨. 아무래도 좀 어색해서요..
이번 달 말까지만 사용하겠습니다.

C#58

AI태주 (다정한 목소리) 정인아! 너 지금 걷고
있지. 너 저기 보인다! 다 보여.
지금 내 생각하면서 출근하고 있지?
정인 ...

AI태주 오늘 네가 있는 지구가 유난히 파랗고
밝다.

파란 지구의 모습을 보여주는 우주인 태주.

AI태주 어제 본 지구랑 오늘의 지구는 다른
거야. 내일의 지구도 보여주겠어!
출근 잘 해~

밝게 웃는 원더랜드 안의 태주를 보는 정인의 표정.

174

C#44

바이리의 엄마인 화란이 AI바이리와 소통하는 걸 힘들어하잖아요. 그러다가 결국에 원더랜드에 전화해서 서비스를 그만하겠다고 하죠. 서비스를 중지하고 난 뒤에 딸과 손녀와 함께 찍은 사진을 보면서 마치 이게 진짜 내 딸이지, 하는 표정으로 그 액자를 그립게 보거든요. 사실 사진도 그때의 나를 반영한 사진에 불과하지, 진짜 '나'는 아니잖아요. 그런데 어떤 건 진짜로 여기고, 살아 있는 것처럼 실시간으로 통화를 하는 건 가짜라고 여기는 게 흥미로웠고 그렇다면 진짜 '나'는 무엇인가에 대해 생각해볼 수 있는 장면이라고 생각해요.

C#58

두 사람이 싸우고 나서 정인이 밖으로 나와 AI태주와 통화를 하는데, AI태주가 정인이가 살고 있는 지구를 바라보면 마치 보고 있는 것처럼 통화를 하거든요. 멀리 떨어진 우주에서 지구를 바라보고 있는 그 모습이 실제 있는 상황 같았으면 좋겠다고 생각했어요. 분명히 가상 세계인데 실제로 나를 지켜보고 있는 것 같고, 실제 우주 너머에 존재하는 것처럼 여겨지면 했어요. 이 영화가 경계에 대한 이야기를 다루고 있다 보니 어디서부터 어디까지가 현실이고, 어디서부터 어디까지가 과거이며 무엇이 맞는 기억인지 등 이런 혼란이 느껴지면 좋겠다는 생각으로 만들었습니다. 그리고 태주의 우주복을 보면 국기가 없어요. 보통은 국기 마크가 있거든요. 국가를 대표하는 어떤 업무를 띠고 있다기보다 어떤 단체나 기구의 일을 한다고 설정했어요. 이를 테면 '생명 다양성 보존 기구' 같은 기구요. (웃음)

S#101	원더랜드 세계_작은 마을, 식당, 휴게 텐트	D	CUT
S#102	AI바이리와 식사하는 성준, 휴게 텐트에 발생한 화재	S	

C#53

AI바이리, 시무룩하게 시장을 걷고 있다.
멀찍이 AI바이리 뒤를 조용히 따라오는 성준,

노천 식당에 마주 앉아 함께 식사를 하는
AI바이리와 성준.

성준   잘 있었어요?
AI바이리   아뇨.. 사실 그저 그래요.
          엄마가 걱정돼요.

웃는 성준. 수줍게 눈이 마주치는 둘.
맛있게 밥을 먹는다.

C#45

AI바이리   아무도 없긴, 내가 있잖아요.
          엄마 나 금방 돌아갈 테니까 가서
          얘기해요, 응?
화란   네가 온다고? 올 때까지 기다리라고?
          니가 어떻게 돌아와!!

AI바이리, 한참을 멍하다.
엄마가 도대체 왜 그럴까.. 혼란스러운데,
텐트에 갑자기 불이 확 붙더니 기둥으로까지 확 번진다.
멍한 AI바이리를 끌어내는 동료들.

C#53

성준이 AI바이리와 소통하면서 호감을 쌓게 되는 상황들이 로맨틱하게 표현되면 어떨까, 라는 생각을 했어요. 인공지능과 인공지능의 소통에서 설렘이 생기는 스파크의 순간이 궁금하기도 했거든요. 인간은 누군가에게 호감을 느낄 때 뇌나 호르몬의 어떤 작용 때문에 몸과 마음이 반응하잖아요. 그리고 속으로 이런저런 생각도 하고요. 내가 이 사람과 오래 만날 수 있을까, 앞으로 우린 어떻게 되는 걸까, 이 사람이 맞는 걸까 하고요. 그런데 인공지능끼리의 호감 상황은 그런 게 없을 것 같았어요. 많은 고민들이 삭제된 순수한 호감의 상태잖아요.

C#45

AI바이리의 혼돈을 보여주는 한 장면인데요, 비슷한 시점에 현실 세계의 태주네 집에 화재가 생기거든요. AI바이리와 태주가 처지는 다르지만 혼돈이라는 같은 감정을 겪는 순간으로 연결되어 있다는 느낌을 주려고 했어요. 인간으로서 받아들여야 하는 운명, 인공지능으로서 받아들여야 하는 운명이 어느 정도 맞닿아 있다고 생각했거든요. 우리가 흔히 알고 있는 평행우주 같은 개념과 약간 비슷한데, 비록 가상세계지만 AI 세계와 현실 세계가 어렴풋이 닿는 지점이 있다는 얘기를 하고 싶었어요.

S#105 S#108	클럽, 경찰서	D	CUT
	혼자만의 시간을 가지는 정인, 태주의 CCTV를 보는 정인	S	

C#60

시끄러운 음악과 번쩍이는 조명.
사람들 속에서 춤추는 정인.

정인, 신나고 밝아 보인다.
술과 AI태주에게 기대는 정인의 밤.

C#63

경찰과 현장 화면을 보고 있는 정인.
당혹스러운 표정이다.

경찰   박태주 씨에 대해 잘 아시죠?
      요새 뭐 이상한 거 없었어요?
정인   없었어요. 너무 좋아요.
      (경찰이 빤히 보자) 아니라니까요.
      태주가 한 거.

C#60

그토록 기다렸던 태주가 돌아왔는데 마냥 행복하지 않은 자신 때문에 혼란스러워하는 정인의 마음을 보여주는 장면이에요. 너무 오래 혼자 있었던 거죠. 그리고 AI태주와 많은 시간을 보내면서 익숙해진 거예요. 혼자 지내고, 이렇게 소통하는 방식이에요. 그래서 혼자만의 시간이 필요한 정인이가 클럽에서 일탈 같은 시간을 보내고, AI태주와 소통하죠. 보시는 분에 따라서 정인의 이런 심리상태가 납득되지 않을 수 있겠다는 생각이 들었어요. 그래서 나도 내가 왜 이러는지 모르겠는, 정인의 심리가 잘 전달됐으면 좋겠다고 생각해서 배우의 클로즈업 샷 위주로 장면을 구성했어요. 클럽이라는 장소나 상황이 중요한 게 아니라 그게 어디든 정인이 혼자이고 싶어 한다는 심리가 돋보여야 했거든요.

C#63

정인이 경찰서에서 진술할 때는 절대 태주가 한 게 아니라고 얘기하지만, 밖으로 나와서는 태주가 불을 낸 거라고 확신하는 듯, 태주에게 요리했냐고 묻죠. 태주가 자기가 그런 것이 아니라고 하지만 정인이는 믿지도 않을뿐더러 긴 대화를 하고 싶어 하지 않아요. 둘 사이에 많은 것이 깨진 상태라는 걸 보여주는 장면이에요. 이 장면을 보시고 관객분들이 그래서 진짜로 태주가 불을 낸 게 맞느냐고 물으셨는데, 현장에서도 박보검 배우가 정말 제가 불을 지른 게 맞나요? 하고 물었거든요. 태주가 한 일이 아니지만 정인이 믿어주지 않자, 태주도 관객도 태주가 그런 게 아닐까 하고 의심하는 상황이에요. 사실보다 믿음이 더 중요하다는 걸 보여주는 장면이죠. 그리고 바이리의 현장에서도 불이 나는 장면이 있는데 두 장면의 발화가 연결되는 느낌이라고 이해하시면 좋을 것 같아요. 나비효과처럼요.

S#129D	원더랜드 세계_모래폭풍 안_차 안	D	CUT
	활주로로 나가는 지아, 모래폭풍을 뚫고 지아에게 달려가는 AI바이리	S	

C#80

어두운 모래폭풍 안.
휘몰아치는 거센 모래바람 속을
AI바이리 차가 달린다.
계속 다급하게 전화를 시도하는 AI바이리.

C#83

더 이상 가지 못하고 멈춰버리는 AI바이리의 차.
자신을 휘감는 모래바람을 바라보는 AI바이리.
막막함을 이겨내려는 얼굴이다.

C#87

활주로에서 주위를 살피는 지아.
낙타가 그려진 비행기가 보인다.

C#88

주저 없이 내달리는 지아.

C#80

이 장면들은 요르단과 파주, 양수리, 을왕리 등에서 나눠서 촬영했어요. 바이리가 진짜 사막에 있는 것처럼 보이지만, 사실 모든 장면을 다 따로 찍어서 붙인 거예요. 코로나19 유행 시기에 촬영을 해야 했기 때문에 제약이 너무 많았거든요. 뭔가 환상을 깨는 것 같긴 하지만 코로나 상황에서 구현해낸 기술의 시험 무대 같은 장면이에요. 이 씬에서 풀샷으로 배경을 보여주는 장면은 전부 요르단이고, 나머지는 스튜디오예요. 특히 바이리가 모래 폭풍을 뚫고 질주하는 장면은 차량 뒤로 모래 폭풍 CG를 만들어서 배경에 뿌려놓고 배우가 그 앞에서 연기했거든요. 옛날 1930년대 헐리우드 영화 보면 뒤에는 배경이 어색하게 흐르고, 운전하는 인물이 들썩거리면서 운전하는 장면 있잖아요. 그런 원리로 촬영한 거예요. 그리고 여담으로 이 장면들이 다 연결되는 장면인데도, 그중에 일부는 1년 뒤에 추가로 찍은 장면도 있어요. 탕웨이 배우의 외모가 다행히 많이 자라지(!) 않아서 편집하는 데 고마웠어요. (웃음)

C#88

이 장면도 논란이 좀 있었던 걸로 알고 있는데, 어떻게 어린 아이가 저렇게 마음대로 활주로로 나가는데 아무도 모를 수 있냐고 공항이 너무 허술한 거 아니냐고 하셨다고 하더라고요. 맞아요. 그렇게 보실 수 있는데, 그런데 실제로 어떤 사건이 있었거든요. 한 남자 아이가 화물칸에 들어가서 실제로 비행기를 탄 적이 있어요. 저도 당시에 뉴스를 보고 진짜 말도 안 된다고 생각했는데, 마음먹고 하면 할 수 있는 일일 수도 있겠다는 생각도 들더라고요. 그리고 정인이에게 받아들여지지 못한 태주가 지아를 구하는 장면이 나오는데, 엄마에게 받아들여지지 못한 AI바이리가 태주를 통해 인간에게 받아들여졌다고 봤거든요. 결국에 사랑이라는 게 용기와 진실과 관련된 일이기 때문에 용기를 내서 내가 받아들여야 하는 것들, 즉 내가 죽었다는 걸 받아들이는 것에서 관계가 시작될 수 있다고 생각했어요.

S#143	공항/원더랜드 세계_공항	D	CUT
	지아와 영상통화하는 AI바이리, AI바이리와 통화하며 오열하는 화란	S	

C#89

지아에게 더 가까이 오는 AI바이리.
현실의 공항과 원더랜드의 공항이 합쳐져 보인다.
양 끝에서 나란히 마주 보고 서게 되는
AI바이리와 지아.

그러나 두 세계가 겹쳐져 하나의 세계로 보이는데도,
누구도 서로 오갈 수가 없다.

지아   엄마..
AI바이리   엄마는.. 엄마는, 죽었어.

그런 AI바이리를 보는 지아.
화란, 터져나오는 울음을 겨우 막는데.

원더랜드 안의 공항에 우두커니 서서
씩씩하게 말하는 지아를 바라보는 AI바이리.

AI바이리   엄마한테 내가 빚진 게 너무 많네.
           엄마.. 내가 다음 생에 꼭 갚을게.
           다음 생에는 내가 엄마하고,
           엄마가 내 딸 해. 내가 잘 돌봐줄게,
           진짜 좋은 엄마가 되어줄게.

C#89

정인과 태주가 다투는 현실 공항과 바이리가 지아를 향해 들어온 가상 공항이 겹쳐질 때 이질적인 느낌이 없도록 비슷해 보이게 세팅했습니다. 또 바이리로부터 지아를 찾는 다급한 전화를 받는 태주의 공간인 공항을 보여줌으로써 마치 이 세계가 모두 연결되어 있다는 느낌이 들면 좋겠다는 생각을 했어요. 어디서부터가 가상인지, 현실인지 알 수 없고 서로 만나고 만질 수도 없지만 원더랜드 에러를 통해, 태주를 통해 자연스럽게 연결되는 순간이 생긴 거죠. 보시면 이 두 공간 사이에 건너갈 수 없는 경계를 프리즘 같은 포털 경계로 표현했어요. 왼쪽 공간에서는 아이와 엄마가 넘어가는데 반대편에는 아저씨가 나타나 있죠. 통화는 할 수 있지만 실재하지 않는 공간과 현실 공간은 절대 연결될 수 없다는 것을 보여준 장면이에요.

사실 핸드폰 화면만 보고 이런 연기를 한다는 게 정말 어렵거든요. 그런데 엄마 역할을 맡은 니나 파우 배우께서 열연을 해주셔서 찍으면서 저도 눈물이 났어요. 이 관계가 '모성'으로 엮여 있잖아요. 이 장면에서 이 모성의 주체인 바이리는 엄마로서가 아니라 딸로서의 위치이거든요. 엄마를 두고 먼저 세상을 떠난 딸이 엄마로부터 인정받는 과정이 결국 바이리의 이야기라고 생각했어요.

S#145	원더랜드 세계_공항 탑승동, 운동장	D	CUT
S#148	성준과 대화 후 원더랜드로 떠나는 AI바이리, 이별하는 정인과 태주	S	

C#94

태주　　나를 왜 우주로 보냈어?
정인　　내가 생각할 수 있는 가장 먼 곳.
　　　　거기에 너가 있는 것 같았거든.

정인을 먹먹하게 바라보는 태주.

태주　　가야겠다.

자리에서 일어나 운동장으로 걸어나가는 태주.
멀어지는 태주의 뒷모습을 바라보는 정인.
눈시울이 붉어진다.

C#95

멀리 걸어가고 있는 태주의 뒷모습.
숨차게 뛰어나온 정인, 얼른 뛰어가 태주의 등을
끌어안는다.

C#98

출국 게이트 앞으로 와, 성준이 앉은 벤치에 앉는
AI바이리.
AI바이리는 성준을 알아본 듯 씨익 웃는다.
성준은 AI바이리를 알아보지 못하고,
자신의 역할을 수행한다.

C#94

태주와 정인이 둘만의 추억이 깃든 학교 운동장에서 이별을 하는데요, 많은 분들이 굳이 헤어질 필요가 있냐고 하시더라고요. 사실 둘은 꼭 헤어졌다기보다 서로의 마음에 있다가 사라졌거나 그사이 변한 것들을 확인하는 과정이었거든요. 과거와 현재의 장면이 교차 편집되어서 이렇게 우리가 사랑하고 아름다운 사이였는데, 지금은 왜 이렇게 되었나를 곱씹고 그 기억으로 결국 서로를 받아들이게 될까, 라는 게 이 장면의 의도였어요. 둘의 결과를 굳이 생각해보면 아마도 다시 만나서 새로운 방식으로 관계가 진화했을 것 같아요.

정인이는 태주가 돌아왔기 때문에 그 후론 원더랜드 서비스를 이용할 필요가 없는데 계속 이용해왔잖아요. 그것이 익숙함 때문이든 무슨 이유든 빨리 해지했어야 하는데 그걸 놓지 못하죠. 과거의 건강했던 태주를 너무 사랑했으니까요. 그리고 결국에는 그 이유로 이별까지 하게 됐고요. 정인이 관계 정리를 위해서 원더랜드 서비스를 해지할 때 AI태주가 그래요. 이제 집으로 간다고요. 이 대사는 지금은 아프고 힘든 태주가 앞으로는 옛날의 건강했던 태주처럼 더 나아질 거라는 암시를 하고 있죠.

C#98

AI바이리가 자신이 죽었다는 걸 인지하고 모든 갈등이 해소되잖아요. 그리고 후련한 마음으로 성준과 처음 만났던 자리에 앉아서 대화를 하죠. 저는 두 인물이 한 번의 큰 고비를 넘겼기 때문에 새로운 관계의 시작, 뭐 이를테면 연애의 시작 같은 걸 좀 하면 좋겠다고 생각했어요. 성준은 AI바이리를 알아보지 못하지만 AI바이리는 성준을 알아보는 눈치죠. 성준이 자신의 역할을 수행하듯이 AI바이리에게 처음 만났을 때와 똑같은 질문을 하잖아요. 그런데 AI바이리가 처음과 다르게 대답해요. 각성했다는 증거죠. 일하러 간다는 AI바이리에게 성준이 오래 가 있냐고 묻자, "네. 당신처럼요. 아시죠?"라고 대답해요. 이 말은 자신이 죽었고, 나도 당신과 같은 AI라는 사실을 알고 있어요, 라는 뜻이죠. 여행을 떠나듯 탑승구에서 손을 흔드는 AI바이리의 모습이 후련해 보이죠. 자연스러운 관계의 시작이죠.

| S#149 | 원더랜드 회사 정원 | D | CUT |
| | AI용식과 영상통화하는 길순 | S | |

C#99

현수　　　아! 선생님 잠시만요.
　　　　　저희 어머니랑 인사 좀 하시겠어요?
AI용식　　으응?

현수, 길순에게 화면을 돌린다.

현수　　　엄마, 이거 원더랜드 서비스야,
　　　　　지난달에 돌아가셨어.
길순　　　아아.. 그렇구나...

길순　　　미안해요. 용식 씨.
AI용식　　네?
길순　　　갑자기 말없이 떠나서.
AI용식　　아. 그랬었나요?
길순　　　네..

C#99

에필로그 장면인데요, 끝났다고 생각했던 관계가 이렇게 우연히 이어지는 걸 보면서 관계의 끝이라는 게 과연 있는 것인지, 끝낼 수 있는 것인지에 대해 생각해보고 싶었어요. 우리도 그렇잖아요. 다신 안 본다고 하고 관계를 끊어내려고 하지만 어떻게든 이어지는 관계도 있고, 요즘은 SNS 같은 걸로 그 사람의 근황을 알 수 있잖아요. 형태만 달라졌을 뿐 관계의 다양성은 더 복잡해졌고 끊고 이어가는 방법도 천차만별인 것 같아요.

미리 만난
우리의 노스탤지어,
원더랜드를 꿈꾸다

박관수, 제작자(㈜기린제작사 대표)

**제작과정이 오래 걸렸습니다. 〈원더랜드〉가 어떤 과정을 통해
관객과 만나게 되었는지 말씀해 주세요.**

죽은 사람이 남긴 생전의 데이터로 인공지능을 만들어
영상통화로 다시 만난다는 김태용 감독님의 아이디어를
처음 들은 것이 10년 전쯤인 것으로 기억합니다.
2016년이 되어 우원석 감독님이 원안 작가로 합류하여
본격적으로 세계관과 이야기를 만들기 시작했고,
이때 만든 수십 가지의 이야기 중 몇 개가 〈원더랜드〉
이야기의 근간이 되었습니다. 2018년 하반기에 연출팀과
미술팀이 꾸려져서 리서치를 시작했는데, 긴 기간에
걸친 방대한 자료와 콘셉트 회의를 통해서 미술의 핵심
콘셉트를 노스탤지어로 정한 것이 기억에 남습니다.
근미래 배경 영화의 미술 콘셉트가 과거에 대한
향수라니, 꽤나 상상력이 자극되었습니다.
2020년과 2021년에 촬영을 마친 후에도 코로나19
팬데믹의 여파가 계속되었고, 이로 인해 개봉이

미뤄지고 편집을 비롯한 후반 작업 또한 기약 없이 길게
이어졌습니다. 촬영할 때는 근미래 배경의 영화였지만
시간이 지날수록 근과거가 되는 것은 아닐까, 하는
농담에 조바심이 나기도 했습니다만, 소재의 신기함이
옅어진 너머로 인물과 감정이 더 또렷하게 보이는 시점에
관객을 만날 수 있었던 것 같습니다.

**김태용 감독님과 인연이 있으셨을까요? 제작자로 만난 김태용
감독님은 어떤 사람인가요?**

김태용 감독님을 처음 만난 때는 제가
한국영화아카데미에 입학한 1997년입니다. 한 해 일찍
입학한 김태용 감독님은 민규동, 박은경 감독님과
공동연출한 단편영화 〈열일곱〉으로 1997년 영화잡지
《키노》가 꼽은 한국영화 TOP10에 선정되며 이미
그때부터 영화계의 기대를 모으고 있었습니다. 1999년
초 김태용, 민규동 감독님이 장편 데뷔작인 〈여고괴담
두 번째 이야기〉를 준비하며 연출부로 함께 일하자고
제안했을 때 설레는 마음으로 합류했던 기억이 납니다.
그 이후로 지금까지 김태용 감독님과 크고 작은 작업들을
함께해왔습니다.
김태용 감독님이 영화를 만드는 방식은 끊임없는 전복의
과정입니다. 인물, 설정, 스토리 등 영화의 모든 요소들을
수정하다 보면 처음 시작할 때 있던 것들이 보이지 않아
당황하기도 합니다만, 어느 순간 바닥부터 차곡차곡
다져진 영화가 형체를 드러내기 시작합니다. 마치 밭을
태워 농사를 준비하는 화전민의 모습이 연상됩니다.

때로는 이런 낯선 방식을 힘들어하는 동료들도 있지만,
이 과정을 거쳐 만들어진 영화를 볼 때면 그가 가진
세상을 바라보는 색다른 시선과 품이 넓은 온기의 근원을
확인하고 고개를 끄덕이게 됩니다. 물론, 계획을 세우고
실행해야 하는 제작자의 입장에서는 매우 곤혹스러운
일이라서 때론 누가 저의 역할을 대신해주고 저는
극장에서 관객으로 그의 영화를 볼 수 있다면 좋겠다고
생각하기도 하지만, 그러다가도 또 그가 구상하는 새
영화의 아이디어를 듣는 순간 그의 전복적 창작 과정을
같이 해보고 싶은 욕심을 내기도 하며 긴 시간 그와의
작업을 이어왔습니다. 제작자로서 또 함께 작업을 할 수
있을지 알 수는 없지만, 분명한 것은 김태용 감독님의 새
영화들을 오랫동안 볼 수 있기를 여전히 설레는 마음으로
바란다는 것입니다.

**〈원더랜드〉는 인공지능 기술로 현실과 가상현실 사이에서 죽음과
이별을 경험하는 사람들의 일상을 다루고 있습니다. 제작자의
측면에서 특별히 공들인 부분이 있다면 말씀해 주세요.**
SF영화의 전형성을 피하려는 노력을 많이 했습니다.
특히 시각적 표현에 있어서 흔히 예상하는 디자인과
재질을 피했고, 새로운 기술의 출현으로 인한
디스토피아나 유토피아 배경의 영화와 거리를 두고자
했습니다. 오히려 새로운 기술이 출현한다고 해도
인간의 감정과 관계는 달라질 것이 없다는 쪽에 가까운
입장이었던 것 같고, 그리워하는 사람을 영상통화로
만나는 반가움과 그 사람의 죽음을 동시에 떠올려야

하는 감정의 아이러니에 집중하려는 김태용 감독님의
연출 의도에 맞추기 위해 공을 들였습니다.

제작과정에서 기억에 남는 일이 있다면 말씀해 주세요.
바이리(탕웨이 분)의 엄마인 화란 역할을 맡은 니나 파우
님을 홍콩에서 한국으로 모셔오던 일이 기억에 남습니다.
코로나19 팬데믹 초창기라서 외국인의 한국 입국 절차가
까다로웠는데, 문화체육관광부의 추천을 받고 법무부
외국인청의 승인을 얻어야만 비자를 발급받아 입국할
수 있었습니다. 왜 이 배우가 오셔야 하는지를 설득하기
위해 방대한 자료를 수집해서 번역했고 이 과정에서
니나 파우 님이 우리 영화에 꼭 필요한 배우라는 확신을
새삼 가지게 되었습니다. 오랜 시간이 걸려 국내 절차가
마무리되었지만, 니나 파우 님이 주홍콩 한국영사관에
가서 비자를 신청하는 데 예상외로 많은 시간이
소요되었습니다. 영사관은 비자 신청을 받는 요일과
시간을 제한했고, 그나마도 하루에 접수받는 인원을
줄이고 있었기 때문입니다. 오랜 과정 끝에 한국에서의
자가격리 기간을 감안한 가장 늦은 도착 날짜의 하루
전에야 한국행 비행기를 탈 수 있었습니다.
어렵게 한국에 도착한 니나 파우 님을 마중하러 공항에
혼자 갔었는데, 항공기 일정을 보여주는 대형 전광판에
그날 도착하는 항공편이 두세 편밖에 없었고, 오가는
사람은 오직 흰색 방호복을 입은 군인들만 있었던 기억이
납니다. SF의 전형성을 피해가며 영화를 준비하고
있는 와중에, 현실은 SF영화의 한 장면이 된 것 같아서

이색적이었습니다.

자가격리를 위해 마련한 숙소에 모셔다드리는 차 안에서
니나 파우 님은 아주 오래전 촬영을 위해 제주도에
왔던 기억을 떠올리며 이번이 두 번째 한국 방문이라고
알려주었습니다. 지난 두세 달 동안의 준비와 노력 끝에
한국에 온 니나 파우 님이 수십 년 만에 다시 온 한국에서
홀로 14일 동안 숙소에만 있을 생각을 하니 그전에 뭔가
근사한 것을 보여드려야 할 것 같은 생각이 들었습니다.
숙소로 가는 길을 한강 변을 둘러가는 경로로 바꾸고,
곧 있으면 펼쳐질 한강 변의 해 질 녘 풍경을 예고하며
그사이에 많은 것들이 변했다고 너스레를 떨었지만,
서울 서남부에 인접한 숙소로 가는 길에는 한강을 따라
오래된 철책선이 무심하게 둘러쳐져 있을 뿐이었습니다.
긴 촬영과 후반 작업 그리고 개봉을 준비하는 동안 많은
분들이 멀고 굽이진 험한 길을 돌아 〈원더랜드〉의 일원이
되어주셨고 함께 영화를 만들었습니다. 엔딩 크레딧의
수많은 이름을 볼 때마다 우리가 원더랜드로 동행했던
순간들을 떠올리게 됩니다.

**팬데믹 기간이라 참 어려웠던 과정을 겪으신 듯합니다. 영화의
소재나 주제 또한 기존 한국영화에서 쉽게 다루지 않은 내용이라
더 힘든 부분이 있었던 듯한데요, 제작하는 과정에서 어떤
일들이 있었는지 더 말씀해 주실 수 있을까요?**

2019년 상반기에 프리프러덕션을 시작했고, 2020년
4월에 코로나19 팬데믹으로 세상이 록다운된 환경에서
촬영을 시작했습니다. 결국, 그해에 해외 로케이션

촬영을 하지 못해서 다음 해인 2021년에 촬영을
준비했지만, 여전히 끝나지 않은 코로나19 팬데믹
때문에 요르단 탐사현장은 영종도에, 요르단의 시장은
남양주에 만들어서 촬영했습니다. 영종도 을왕산에
중동에서나 볼 법한 지형이 있다는 것이 믿기지 않았고,
짧은 기간 동안 남양주시 평내동 골목에 이국의 공간을
만들어 낸 미술팀의 마술 같은 노고에 감탄했던 기억이
납니다.

**〈원더랜드〉가 관객들에게 어떤 영화로 기억되기를 바라시는지
제작자로서 말씀해 주세요.**
그리움은 부재를 전제로 합니다. 인공지능 기술을
통해 부재와 대면할 수 있게 된 시대에, 그리움은 어떤
모습일지 생각해보는 영화로 남길 바랍니다. 그리하여,
이 영화가 앞으로도 아주 오랫동안 우리 곁에 존재하며
그리움과 기억의 대상이 아닌 관객과 동행하는 영화가
되길 기원합니다.

방대하고 아름다운
기억 너머의 세계를
구축하는 일

박병주, VFX 수퍼바이저(덱스터스튜디오)

〈원더랜드〉에 참여하게 된 계기와 소감에 대해 말씀해주세요.

감독님께서 저희 회사인 덱스터 스튜디오에 CG를
의뢰하러 오셨는데, 감독님은 제가 덱스터에 있는지
모르셨어요. 감독님이랑 원래 인연이 있었어요.
한 20년 전에요. 오랜만에 뵙고, 감독님과 이런저런
이야기를 나누며 같이 해보자고 얘기가 됐어요.

20년 전 감독님과 어떤 인연이 있으셨어요?

당시 서울대에서 감독님과 함께 애니메이션 만드는
작업을 했었거든요. 그때 감독님은 민규동 감독님과 같이
하실 때였고, 두 분 다 감독 데뷔하시기 전이었어요.
그때 인연이 있었죠. (1990년대 후반 한국영화아카데미 재학
시절로 추정)

〈원더랜드〉 시나리오를 처음 봤을 때 어땠나요?

처음 받아서 읽었을 때의 느낌은 '김태용 감독님스러운,

잔잔한 소풍 같은 드라마구나'라고 생각을 했었고요.
당시 시나리오상으로는 SF 장르 특색은 없었어요.
그래서 그때는 이렇게 CG 비중이 커질지 몰랐죠.
'좀 정서적으로 집중도가 있는 영화구나'라는 느낌이
강했어요.

**언급하셨던 국내외 유사 소재·장르 영화와 〈원더랜드〉의
차별점은 무엇일까요?**

AI 영화지만 AI가 중심이 아닌 영화라고 할 수
있겠는데요, AI가 나오면서 벌어질 수 있는 정체성
혼란이나 소동으로 끌고 가지 않는 점이 좋았어요.
개인적으로는 이 영화에서 AI를 유령이나 조상님으로
바꿔도 크게 이질감이 없을 것 같은데요, 헤프닝에
집중하기보다는 죽은 사람을 대하는 어떤 자세나 태도
그리고 살아남은 사람들의 관점에 좀 더 집중하고
있는 점이 가장 큰 차별점이 아닌가 싶어요. 그리고
감독님이 강조하셨던 부분이 있는데, 통상적으로 SF
장르 영화에서 나올법한 디지털적인 차가운 걸 최대한
좀 배제하고, 너무 가상현실이나 AI 같은 소재를 전면에
드러내지 않았으면 좋겠다고 하셨거든요. 어떤 그래픽
하나가 뜨더라도 물질성이 있도록요. 말씀드렸던
차별점이 이런 의견과 부합해서 잘 표현된 것 같아요.

CG 작업을 하면서 가장 중점에 둔 부분은 무엇인가요?

촬영 기간 동안 코로나19가 급격히 확산되는 바람에
예정에 없던 작업 분량이 굉장히 늘어났어요. 실제

로케이션으로 소화할 수 있는 부분도 VFX로 작업해야
했거든요. 예를 들면 공항씬의 경우가 그런데요. 실제로
공항에서 찍을 예정이었지만 불가능해졌고, 하와이나
요르단 같은 해외 로케이션 촬영을 일정 부분 세트로
진행하게 되면서 CG 분량이 막대해졌죠. 게다가
'일립스'라든지, 시각적 요소들도 많이 구현해내야
했어요. 꽤 방대하고, 다양함을 요구하는 작업이었어요.
이 전체를 잘 어우러지게 밸런싱하는 점이 가장 중점적인
고민이었습니다.

현실 고려와 비주얼적인 새로움이 공존해야 하는 CG를 구현하는 것이 힘들었을 것 같습니다. 전반적인 작업 과정에 대한 소개 부탁드립니다.

촬영 전 프리 프로덕션 단계에서 시나리오를 보면서 "디스플레이는 이렇게 쓰고, VR처럼 구현하고…" 같은 설정이 있었는데, 물성이 느껴지게 하자, 같은 브레인스토밍을 굉장히 오랫동안 많이 하면서 알맞은 방향으로 자리를 잡아갔고요, 미술팀과는 버젯 안에서 운영할 수 있는 세트 구현 부분에 대해서 논의를 했어요. 꼭 필요한 규모의 세트만 짓고, 나머지는 CG로 처리할 때 어떻게 완성도 있게 보일지 고민을 많이 했죠. 그리고 배우들과 연관된 부분, 특히 정유미 배우나 최우식 배우는 극 중에서 화면을 다루고 시스템을 운영하는 역할이다 보니 아무것도 없는 그린 스크린을 두고 리얼하게 연기를 해야 했기 때문에 원더랜드 시스템 운영에 관한 조작법을 많이 연습했어요. "이렇게 하면 화면이 커집니다, 이렇게 하면 뭐가 어떻게 됩니다" 같은 디렉션을 토대로요. 정말 세세한 부분까지 연습하고, 촬영 전에 리허설까지 했어요. 박보검 배우의 경우는 무중력 상태에서의 모션 연기를 해야 하니까 무술팀과 모션 연기의 방향에 대해서도 많이 상의를 하며 진행했고요.

이렇게 프리 단계에서 모든 준비를 마치고, 촬영할 때는 작은 장면이라도 꼼꼼하게 구현하려고 애를 많이 썼어요. 최대한 리얼리티가 살도록요. 사전에 계산한 것과 오차는 없는지, 컨트롤해가며 촬영을 해야 했죠. 해외 로케이션

같은 경우는 정해진 일정이 있다 보니 더 철저히 사전
계획을 세워야 했어요. 그리고 후반에 가서는 촬영
기간이 늘어나면서 이미 작업해둔 CG와 나중에 작업한
CG 작업이 톤이 안 맞는 경우가 있어서 톤을 맞추는
작업에 치중했고요. 역시 조화롭게 구현하는 것에 공을
많이 들였습니다. 〈원더랜드〉는 꽤 세세한 준비와 노력이
많이 필요한 작품이었어요.

**듣기에도 작업량이 굉장한데요, 자연스러운 액션을 위해
배우들과 세세한 합을 맞추었다는 부분이 특히 흥미로웠습니다.
구체적으로 어떻게 합을 맞추었나요?**
누르거나 미는 것처럼 원더랜드 시스템 스크린 조작이
필요한 장면에서 손이 닿아야 할 부분에 미리 마킹을
해놓고, 모션 순서를 설명했어요. "여기를 이렇게
누르고, 저렇게 펼치고…" 배우들의 이해를 돕기
위해서 인스트럭션 비디오를 미리 만들어서 보여주고
그 합의대로 모션 연기하도록 했어요. 물론 실제로
현장에서 촬영을 하다 보면 어쩔 수 없이 즉흥적으로
가미되거나 변경되는 부분이 있는데, 그래도 사전 준비를
토대로 연기가 이루어졌기 때문에 큰 어려움은 없었던
것 같아요. 다들 적극적으로 임해주었고, 촬영감독님도
액티브하게 도와주셨고요. 배우, 스태프들 모두 이
작품에서 CG가 중요하다는 것을 인지하고 적극적으로
제 의견을 들어주었어요. 그 부분에 대해 굉장히
감사하게 생각합니다.

현실과 원더랜드의 공존을 표현하기 위해 특별히 신경 쓴 점이 있다면 무엇인가요?

원더랜드라고 해서 현실과 굳이 특별히 차이를 두지 않았고요, 원더랜드는 현실의 복제니까요. 다만 경계를 표현해야 하기 때문에 촬영 단계부터 원더랜드는 현실과 비교했을 때 좀 과하게 행복한 듯한 무드로 설정했어요. 그리고 애스펙트 레이쇼(Aspect Ratio: 화면의 가로세로 비율)를 좀 더 좁히자 같은 얘기도 했죠. 이런 여러 아이디어로 각 세계를 구분하려고 했고, 현실에서 원더랜드로 넘어갈 때 어떤 방식으로 넘어갈지에 대해서도 고민을 했죠.

영화 〈원더랜드〉는 원더랜드 사옥을 포함한 근미래 공간과 우주, 사막, 팝업북 세계 등 다양한 가상세계 그리고 영상통화 비주얼, 일립스 같은 여러 CG 요소가 총망라되어 있습니다.
작업 과정에서 가장 힘들었던 순간과 뿌듯했던 순간이 있다면 언제인가요?

VFX 입장에서 힘들었던 건 세트 촬영을 할 때 "여기가 하와이예요"라고 설정하고 촬영을 하더라도 세트이기 때문에 실제 하와이 느낌을 내는 데 한계가 있잖아요. 그런데 나아가서 감독님께서 실제 하와이지만 좀 뭔가 이상한, 약간 비틀린 하와이, 요르단도 약간 비틀린 요르단, 조금 이질감이 느껴지는 요르단을 요구하셨어요. 이렇게 조금씩 비트는 작업들이 있는데 그것들이 기억에 남네요.

일립스 구현 부분이 흥미로웠습니다. 일립스에 대한 설명과 구현 과정에 대해 설명 부탁드립니다.

감독님은 "그 사람의 기억이 그 사람이다"라고 하셨어요. 그 기억들의 조각이 물 분자처럼 모여 어떤 점성이 있는 플루이드한 액체 상태로 표현되는데, 이런 기억의 모음이나 집합체를 '일립스'라고 부르기로 한 거죠. 재미있는 점은 원더랜드 직원들이 그 기억의 일부를 가공할 수 있다는 거예요. 일립스는 세상에 없는 사람을 다시 만드는 거잖아요. 살아생전의 고인과 어떤 부분은 다르게 구현해내는 거죠. 누군가가 세상을 떠난 사람과 통화하고 싶을 때 그 사람의 나쁜 점까지 재현되는 걸 굳이 원치 않을 거 잖아요. 원더랜드는 서비스니까요. 남은 사람을 힘들게 하는 나쁜 기억이 있다면 그 기억은 저 아래로 숨겨두고, 행복한 기억은 많이 끌어올리고요. 일립스는 이런 식으로 서비스에 적합한 AI를 만들어내는 개념이에요. 물론 탕웨이 씨가 연기한 바이리는 약간 다른 케이스로 만들어지긴 했지만요.

일립스를 구현할 때 고민이 많았어요. 이런 종류의 작업을 '모션 그래픽'이라고 하는데, 다른 영화에서도 화면 어디를 가리키면 수치가 올라간다든지 이런 걸 많이 보셨을 거예요. 저희는 좀 다르게 구현하고자 했어요. 우리 영화에서 원더랜드 시스템의 일립스는 양자역학 컴퓨터고, 한 개인이 가지고 있는 수많은 데이터를 보여줘야 했기 때문에 흔히 우리가 보았던 디지털식은 아니라고 생각했어요. 말하자면 분자 단위로 데이터가 작아져서 이걸 다 모으면 물처럼 보일

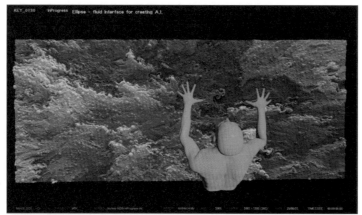

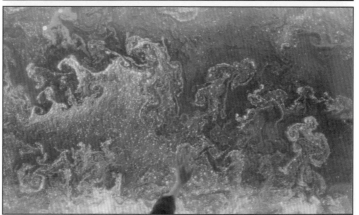

것이라고 제안을 드렸죠. 그래서 시스템을 운영하는
해리가 그 물의 색깔을 보고 그 사람의 성격이나 특성을
파악할 수 있는 거죠. 우리 마음의 맵이 펼쳐져 있는
거예요. 그 맵은 물처럼 계속 변하고 흐르고, 화가 나면
빨간색으로 변한다든지 이런 식의 다이어그램으로
표시되는 거죠. 그래서 "물 내지는 물에 펼쳐진 물감처럼
표현을 해보자"라고 했죠. 그 제안을 드리고 제가
후회를 했어요. (웃음) 그래서 해리 역의 정유미 배우도
'띠딕띠딕' 이렇게 단순하게 조작하지 않고, 데이터를
마치 만지고 휘젓듯이 연기했어요. 또 하나, 일립스로
인물이 완성될 때 보이는 원더랜드 부스는 1960년대
녹음실 같은 느낌을 내려고 했어요. 가상 스크린이
아니라 정말 연극 무대처럼 익숙한 공간으로 느껴지게
하면 좋겠다는 의견이 있었거든요. 최대한 손에 만져지고
물리적인 성질이 있는 것처럼요. 하지만 생각보다 이런
구현이 어려워서 좀 고생을 했네요.

김태용 감독과 함께 작업한 소감은?
감독님은 애니메이션 같은 장르에 워낙 관심이 많기도
하고, 다방면으로 오픈된 분이기 때문에 보는 기준이
높고, 시각이 세련돼서 같이 일하기 편했던 것 같아요.
어떤 의견을 냈을 때 애써 설득할 필요가 없었고,
바로바로 반응해주셨어요. 그래서 좀 편했죠. 힘든
점은… 철학적인 이야기를 굉장히 많이 했어야 했다는
거예요. 원치 않았는데… (웃음) 또 너무 오픈해주셔서
그 부분이 좋기도 했지만, 저에게는 양날의 검이었어요.

스스로 정해야 하는 부담이 좀 있었거든요. 그래도 많이 믿어주신 덕분에 작업이 잘 됐던 것 같습니다.

김태용 감독이 CG에 대해서 특별히 요구한 부분이 있을까요?
계속 언급하셨던 부분은 영화의 전반적인 분위기가 따뜻하다 보니까 CG가 그걸 해치지 않게, 아날로그하게 구현되도록 요구하셨고요. 그런데 가끔 말씀과 다르게 스케일이 큰 CG 이슈를 제안하실 때가 있었어요. 그럴 때는 초심을 상기시켜 드리면서 설득하고. 그런 기억이 납니다.

김대식 교수와 시나리오 작업할 때부터 같이 했다고 들었는데, CG 팀과는 어떤 부분을 소통하셨나요?
소통이라기보다는 무언가를 구현할 때 "이거, 이거 맞습니까?" 같은 질문을 드리고, 답변이나 조언을 얻는 거였죠. 김대식 교수님은 과학자이기도 하지만, 영화의 재미를 위해서는 과학적인 엄밀함은 한 발짝 뒤로 가도 된다는 의견이셔서 주로 "다 좋다. 대신에 이런 걸 좀 추가하자"라고 유연함을 기조로 의견을 주셨고요. 재미있는 아이디어를 많이 주셨던 것 같아요.

김대식 교수가 제안한 아이디어로 탄생한 부분은 어떤 부분인가요?
예를 들면 자연어 처리 같은 건 인물의 음성이 나오기 전에 미리 뜬다든지, 그러니까 AI가 말할 때 '안녕하세요'라는 글자가 먼저 뜨고 "안녕하세요"라고

음성이 나오는 거죠. 이런 점이 인간과 처리체계가
다르기 때문에 약간 섬뜩한 느낌을 줄 수 있거든요.
생각을 데이터가 하고, 말을 하는 식이죠. 이런 디테일한
아이디어들을 많이 주셨고요, UI^user interface 디자인할 때도
도움을 주셨죠.

작업하면서 기억에 남는 에피소드가 있다면요?
요르단 로케이션이 있었는데, 일정상 일주일밖에
시간이 없었어요. 전경을 담으려면 드론을 띄워야
했는데 그게 추락해서 난리가 났던 적이 있어요. 드론
기사님이 굉장히 난처해 하셨는데, 게다가 사이가
좋지 않은 스승님께 찾아가서 드론을 빌려와야 했던
상황이었거든요. (웃음) 그렇게 결국 촬영을 재개했어요.
그리고 당시 코로나19가 폭증하던 시기여서 요르단이
세계적인 관광지임에도 불구하고 사람이 아무도
없었어요. 원래는 관광객으로 굉장히 번화한 곳이라고
하더라고요. 그런데 저희가 갔을 때는 사람이 아무도
없어서 말하자면 오히려 이상화된, 이상적인 요르단을
찍어올 수 있었어요. 그 부분이 기억에 많이 남네요.

관객들에게 추천하고 싶은 장면이 있다면요?
바이리가 어떤 계기로 딸을 찾기 위해 무작정 차를 몰고
길을 나서요. 모래 폭풍 속을 헤매는 장면인데, 저는
그 부분이 굉장히 인상적이었어요. CG적으로 가장
스펙타클하고, 배우의 감정선도 재미있거든요. 그래서
그 부분을 추천드리고 싶습니다.

〈원더랜드〉의 관람 포인트를 꼽아본다면?

이 작품은 미스터리적인 요소가 곳곳에 있거든요. 겉으로
보기엔 그냥 멜로 드라마처럼 느껴질 수 있지만 보다
보면 (좋은 의미로) 설명이 안 되는 부분이 많아요. 어떤
분들에게 그 부분이 어쩌면 불친절하다고 느껴질 수도
있겠지만, 어떤 장면을 두고 나름의 해석을 하고, 풀고,
추측하는 게 재미 포인트예요. 그리고 원더랜드라는
회사에 대해서도 제대로 설명을 안 해줘요. 그런데
화면으로 만났을 때 다양한 비주얼로 설명이 되는
요소들이 있거든요. 말로 풀기보다 관객의 영역으로
둔 거죠, 〈원더랜드〉 세계관에 대해서. 그래서 사실
일립스도 보는 분에 따라 '저게 뭐야'라고 할 수 있는데,
그런 부분들도 퍼즐을 맞추듯 재미의 한 요소가 될 수
있지 않을까 생각합니다.

이야기

배우 인터뷰

탕웨이 | 수지 | 박보검 | 정유미 | 최우식

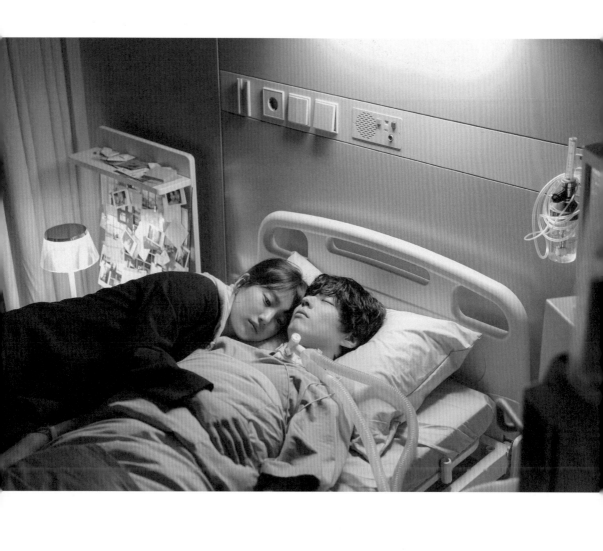

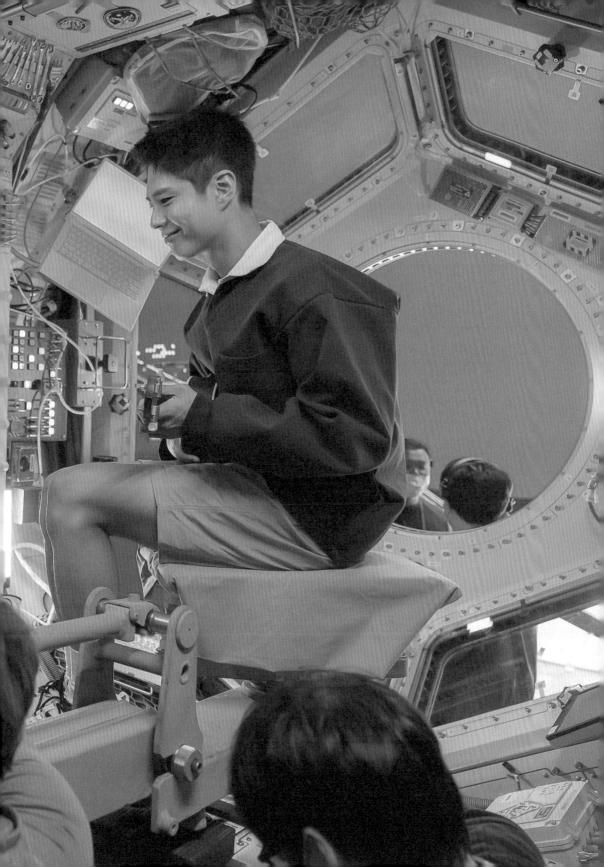

바이리

배우 **탕웨이**

배우 탕웨이가 본 영화 〈원더랜드〉는 어떤 영화인가요? 소개 부탁드립니다.

〈원더랜드〉는 따뜻한 영화이자, 김태용 감독의 섬세한 연출이 돋보이는 영화입니다. 영화는 미래의 어느 날 인류가 원더랜드라는 서비스 시스템을 만들어 사용한다는 이야기로 시작합니다. 원더랜드는 현재 우리가 사용하는 모바일 앱과 사용방식이 같은 AI 프로그램인데요, 영화의 모든 사람이 이 시스템의 수혜자이고, 전자기기를 통해 다시 볼 수 없는 가족이나 친구들과 생생한 영상통화를 나눌 수 있습니다. 그래서 원더랜드는 잃어버린 가족 혹은 연인과 만나는 꿈을 이루는 '꿈속 세계'입니다. 영화는 관객과 함께 다양한 인물의 관계를 보며 우리의 미래를 상상하는 동시에, 죽음 그 너머 미지의 공포에 대한 저항도 내포하고 있습니다. 영화 〈원더랜드〉에 대해 저는 이렇게 이해했습니다.

탕웨이 씨가 연기한 바이리는 AI가 되어 딸과 소통하게 되는데요, 원더랜드 서비스를 소개해주신다면요?

작은 스크린을 통해 남아 있는 사람들과 죽은 사람 사이에 다리를 놓아주고, 스크린을 통해 가족의 목소리를 듣고, 웃는 모습을 보고, 평소와 다름없이 대화를 나누는 것, 그것은 만질 수는 없지만 살아 있다는 느낌을 줍니다. AI 인물을 어떻게 만들 수 있을까요? 과거 그가 남긴 많은 자료를 활용해 그의 생전 모습, 성격, 언행을 재구성합니다. 이렇게 탄생한 AI는 모든 것이 본래 인간과 거의 100% 흡사합니다. 이 시스템은 AI 인물의 성격을 조정하고 재구성하여 돌아가신 가족의 생전 소망을 완성할 수 있는 서비스도 제공합니다. 다시 말해 완벽한 인생을 만들 수 있습니다. 물론 서비스는 유료입니다. (웃음)

'바이리'로 출연하기로 결심하게 된 이유는 무엇인가요?

제가 2016년에 임신했을 당시, 감독님께 이 영화의 아이디어를 듣고 몹시 기대했어요. 감독님과 처음 이야기를 나누며 눈에 눈물이 맺혔던 기억이 납니다. 순간적으로 감독님의 감정을 느낄 수 있었어요. 우리 인류의 생사에 대한 인식을 뒤집는 이런 첨단 기술은 무섭지만 한편 기대도 되지요. 누가 사랑하는 가족을 영원히 곁에 두고 싶지 않겠어요? 그리고 얼마 전에 동영상 하나를 보았는데, 〈원더랜드〉가 보여준 세계관과 너무 흡사해서, 영화에서처럼 완벽하지는 않을지 모르겠지만 '와, 기가 막히다. 곧 그날이 오겠구나!'라는 생각이 들었어요. 그리고 이것도 이유 중 하나일 텐데, 제가 워낙 과학기술, 전자 쪽을 좋아해서 이것저것

만지다 보니 집에 전자제품 교체 주기가 짧았거든요. 어릴 때는 흔히 남들이 말하는 호기심 많은 별난 아이였습니다. (웃음) 그리고 가장 중요한 이유는 2010년 배우 현빈 씨와 작업한 〈만추〉 이후 김태용 감독님과 다시 작업하고 싶었어요. 그런데 10년이나 걸릴 줄은 몰랐죠. 음… 10년이요.

영화 속에서 맡은 캐릭터에 대해 소개를 부탁드립니다.

생전에 너무 열심히 일만 하다 건강을 해치고 어린 딸과 노모를 남겨 둔 채 세상을 떠난 엄마 바이리 역을 맡았습니다. 아이에게 최대한 많은 사랑을 주고 싶지만 시간이 많이 남아 있지 않다는 것을 알고 원더랜드에 찾아가서 AI 서비스를 의뢰하게 됩니다. 그리고 또 다른 캐릭터는 원더랜드 직원들이 '이상적인 바이리'라고 부르는 캐릭터입니다. 세상을 떠나기 전 바이리가 딸 지아와 엄마에게 남기고 싶었던 자신의 모습이지요. 자신보다 남은 가족들에게 더

나은 딸이자 좋은 엄마인 존재로
AI바이리를 남깁니다. AI바이리는
영화 속 핵심인물이자 유일하게
현실과 가상의 경계를 허무는
인물로, 원더랜드의 존폐와도
직결되어 있으며, 그의 존재를 통해
관객들이 우리 삶의 현실과 허구의
경계에 대해 고민하게 해줍니다.

**극 중 딸과 친정어머니 외에도 AI바이리의
관리자인 성준과 대면하는 장면이 많은데,
그 역할을 맡은 공유 씨와 연기하면서
언어적으로 불편하거나 소통하기 어려운
점은 없으셨나요?**
언어 장벽이 없었어요. 공유 씨는
저보다 영어도 잘하고 의사소통
능력도 뛰어난 사람이에요.
그를 생각하면 씩 웃는 모습이
떠오르는데, 매우 나이스하고
젠틀한 사람이라 함께 일하는
사람들이 모두 즐거워했어요.
그에게는 고독한 면도 있지만,
태양처럼 밝고 찬란한 성격도
동시에 존재하고 있는 듯해요.
그래서 팬들이 그에게 열광하는 것
같아요. 그리고 첫 리딩을 코로나

때문에 영상통화로 진행하게 됐는데
마치 원더랜드 같았어요.
그리고 촬영이 끝나고도 종종
연락을 주고받았어요. 영화를
준비할 때 공유 씨가 제 시골집에
감독님과 저를 찾아 왔었는데,
그때 귀여운 장난감을 가지고 와서
당시 세 살 무렵이던 우리 집 어린
소녀의 마음을 단번에 사로잡았던
생각이 납니다. 그때부터 공유 씨는
썸머(딸)의 매우 따뜻한 삼촌이
되었어요.

**〈만추〉 이후 10년 만에 한국 현장에 다시
오셨는데 소감이 어떠신가요?**
〈만추〉는 미국 시애틀에서
촬영했는데, 개별 제작진을
세외하곤 서의 미국인들과 일했기
때문에 저에게는 영어권 영화란
느낌이 더 커요. 그런 의미에서
〈원더랜드〉가 저에게 첫 한국
영화인 셈입니다. 특히 커피차 같은
한국 영화 현장 특유의 문화를
엿볼 수 있었는데요, 커피차를
주문해주시는 분들이 프로덕션이
아니라 배우분들의 친구, 팬, 협회

등에서 응원과 함께 보내주셔서 정말 즐거웠습니다. 그리고 가장 인상 깊었던 것은 제작진의 작업시간이 주 52시간이라는 점이었고 배우분들을 포함해 현장에 계신 모든 스태프분들이 프로페셔널하다는 인상을 받았습니다.

영화 장면 중 가장 인상 깊었던 장면이 있었을까요?

캐릭터의 특수성 때문에 그린^{Green} 세트나 핸드폰의 빈 화면을 앞에 두고 연기해야 하는 경우가 많았습니다. 이렇게 촬영하는 건 처음이었는데, 실제 인물 없이 연기하는 것이 다른 배우들에게는 익숙할 수도 있지만 저는 처음이었어요. 그리고 제작진이 저에게 작은 공간을 마련해주었던 기억이 납니다. 그 공간에는 책상과 모니터, 휴대폰, 작은 조명이 있었고 때로는 예쁜 국화 꽃다발을 꽃병에 꽂아두기도 했는데, 그 꽃병엔 제 사진도 붙어 있었습니다. 그 꽃은 딱 봐도 방금 밖에서 꺾어온 것처럼 보였어요.

스태프분들이 일부러 준비해주신 건가요?

네, 스태프분들이 준비해주었어요. 예쁜 공간에 작은 것까지 신경 써준 마음이 너무 따뜻해서 "와, 정말 예쁘다." 하고 좋아했어요. 기분이 정말 좋더라고요. 영화 현장에서 한 번도 이런 걸 받은 적이 없거든요. 스태프들이 바이리를 위해 좋은 무대를 만들어주셔서 더 편안하고 집중해서 연기할 수 있었습니다.

유독 스튜디오 촬영이 많았는데, 그린 세트로 만들어진 환경에서 연기하는 게 어렵지 않았나요?

그린 세트는 상상력에 온전히 의존해 연기해야 하는 환경인데요, 이 모든 것이 도전이었어요. 시선의 움직임이나 인물의 위치가 바뀌는 것 등을 작은 십자 표시를 따라 장면을 그대로 머릿속에 그려보며 연기해야 했습니다. 하지만 현장에서 손이 빠른 편집자가 많은 도움을 주었고, 그가 만든 3차원 입체 애니메이션 같은 롱테이크에 맞춰 상상력을 발휘해 연기할 수 있었습니다.

출연하신 중국영화 〈무협〉과 〈사랑:
세 도시 이야기〉에서도 어머니 역할을
맡으셨는데요, 〈원더랜드〉의 어머니
역할이 힘드셨다고 (홍보 인사에서)
들었습니다. 어떤 이유일까요?
〈무협〉이나 〈사랑: 세 도시
이야기〉를 찍을 때는 아이를 낳기
전이라 엄마로서의 경험이 없어서
엄마와 아이 사이의 상호작용을
이해할 수 없었어요. 그런데
〈원더랜드〉를 촬영할 때는 아이를
낳은 뒤라 엄마 마음도 이해할
수 있고, 아이 심리와 반응도 알
수 있어서 전에 엄마 역할을 했을
때처럼 어색하지 않았어요.

반대로 바이리의 어머니 역할을 맡으셨던
'니나 파우' 배우와의 인연에 대해 이야기
나눠보고 싶습니다. 함께 연기한 소감이
어떠실까요?
2010년 당시 신인이었던 저는 영화
〈크로싱 헤네시 月滿軒尼詩〉에서 니나
파우 언니와 함께 작업했는데,
그는 장난기 넘치지만 듬직하고,
섬세함이 공존하는 그런
느낌이었어요. 함께 작업하는 것이

편안하면서도 굉장히 안정적이었던
것 같아요. 정말 좋았어요!
촬영 때는 코로나19가 한창일
때라 혹시나 하는 마음으로 파우
언니에게 연락했는데 고민도 하지
않고 단번에 승낙해주셨어요.
하지만 영국에서 홍콩까지 열두
시간 동안 비행기를 타야 했고,
공항 심사와 코로나 검사로 열
시간, 그리고 홍콩에서 14일 동안의
격리를 한 다음, 3주 동안 한국
취업비자를 기다려야 했어요.
드디어 한국행 비행기에 올랐지만,
다시 서울에서 14일간 격리를
해야 했죠. 총 49일 22시간의 긴
여정이었어요. 너무 힘든 과정이라
정말 미안했어요. 하지만 파우
언니는 자가 격리를 마치고 나와
아이처럼 해맑게 웃으며 우리에게
다가와 주었어요. 정말 존경스럽고
좋은 성격을 가진 배우라고
생각해요. 그리고 촬영 기간 내내
우리 집에서 함께 생활했었는데,
어느 날 아침 거울을 보더니 "어,
썸머랑 나랑 좀 닮은 것 같아!"라고
말했어요. 그래서 제 얼굴을 대고

이렇게 보니 정말 닮은 거예요. 아마 우리가 엄마와 딸 역할을 할 운명이었던 것 같아요. 촬영 현장에 갔을 때 감독님도 정말 그런 것 같다고 했어요. (엄지 척을 해보이면서요)

니나 파우 배우님과 연기하면서 가장 인상 깊었던 때는 언제였나요?

할머니와 손녀, 그리고 바이리까지 셋이 함께했던 마지막 감정 신이 많이 생각나요. 그녀는 앞에 카메라가 없더라도 캐릭터에 완벽하게 자신을 던져서 제가 연기하는 데 큰 도움을 주었어요. 그녀는 마치 거대한 그린 세트장에 쏙 들어간 것처럼 보였고, 세트장 안에 있는 모든 사람들은 그녀의 감정을 온전히 따라갔어요. 그 순간 그녀의 모습을 아직도 잊을 수 없어요. 그리고 한번은 제가 연기할 때, 카메라 뒤에 언니의 도움이 필요했던 장면이 있었는데, 그녀는 그 말을 듣자마자 "좋아! 문제 없어!"라고 말했어요. 그런 다음 자리에 앉아서는 대사를

쳐주기 위해 저를 쳐다보고 있는 거예요. 너무 귀여웠어요. 그녀는 편안한 사람이고 대화할 때는 늘 흥이 넘치지만 일단 연기에 들어가면 목소리부터 달라져요. 정말 사랑스러운 배우예요. 또 좋아하는 배우를 만나면 자신의 마음속에 있는 사랑과 소녀 같은 마음을 아낌없이 표현하기도 하고요.

〈원더랜드〉를 사랑해주신 관객분들께 한 말씀 부탁드립니다.

〈원더랜드〉를 사랑해주시고 관심 가져주신 모든 관객분들께 감사드립니다. 같은 관객의 한 사람으로 말씀드리면, 〈원더랜드〉를 사랑해주신 관객분들은 저마다의 사연을 가지고 계실 것 같아요. 그리고 친절, 정직, 사랑, 우정, 가족애 같은 감정을 사랑하는 분들이지 않을까 싶네요. 다시 한번 〈원더랜드〉를 사랑해주셔서 감사합니다.

정인

배우 수지

영화 〈원더랜드〉를 선택한 이유는 무엇인가요?

소재가 너무 독특하고, 흥미로워서 좋았어요. 그리고 김태용 감독님의 작품을 좋아했기 때문에 작품을 꼭 함께해보고 싶었어요.

〈원더랜드〉의 시나리오를 읽고 느낌이 어땠나요?

세상을 떠난 사람과 영상 통화로 다시 만날 수 있다는 것 자체가 신선했던 것 같아요. 충분히 일어날 수 있는 일이라는 생각이 들었고, 또 가까운 미래를 배경으로 하다 보니까 곧 겪을 수 있는 일처럼 느껴져서 재밌었어요. 공감도 많이 가고요. 또 여러 인물이 나오잖아요. 서로 다양한 사연을 갖고 있기 때문에 보시는 분들이 많이 공감하실 수 있을 것 같다는 생각이 들었어요.

'정인'은 어떤 인물인가요?

정인이는 연인인 태주가 뇌사 상태로 병원에 오랜 시간 입원해 있게 되면서 태주가 너무 그리워서 원더랜드 서비스를 신청한 여자예요. 정인이는 좀 엉뚱한 면이 많고, 태주랑 장난치면서 잘 지냈던 행복한 과거를 늘 그리워해요. 태주를 괴롭히면서 놀고, 또 태주는 그걸 받아주면서 항상 웃음이 끊이지 않았던 그런 예쁜 커플이었거든요. 태주가 아프지 않았을 때의 정인이는 굉장히 귀엽고 사랑스러운 캐릭터였는데, 태주가 아프면서 많이 힘들어하고 그리워해요. 그리고 원더랜드 서비스를 통해 위로받으면서 살아가는 캐릭터예요. 나중에 아픈 태주가 깨어나면서 진짜 태주와 AI태주 사이에서 많은 혼란을 겪는 여러 감정을 가진 인물이에요.

정인을 연기하면서 특별히 신경 썼던 부분이 있다면 무엇일까요?
실제로 영화에는 나오지 않는 장면 사이사이를 메우는 작업이 좀 힘들었던 것 같아요. 여러 인물이 나오다 보니 유기적으로 매끄럽게 연결해야 하는 부분들이 있었거든요. 그래서 감독님과 이야기도 많이 나누었고, 보이지 않지만 감정적으로 필요한 장면을 상상력을 펼쳐 채워가면서 연기했던 것 같아요. 또 영상 통화하는 장면이 자주 나오는데 그런 것들이 자칫 잘못하면 어색하게 보일 수도 있거든요. 그래서 연습을 많이 했어요. 사실 영상 통화를 평소에 잘 안 하거든요, 제가. (웃음) 영상 통화를 할 때 그런 생생함을 표현하는 게 생각보다 조금 어려웠어요.

〈원더랜드〉를 찍으면서 가장 기대했던 점은 무엇인가요?
우주에 있는 태주가 어떻게 나올지 궁금했어요. 촬영할 때는 CG 작업이 없는 상태로 찍게 되잖아요. 그것이 얼마나 어색하지 않고 리얼하게 구현될까 가장 궁금했어요.

배우 박보검 씨와의 연기 호흡은 어땠나요?
박보검 씨에 대해 제가 받은 느낌은 '굉장히 성실하다'였어요. 사실 태주라는 역할이 AI태주와 현실 태주, 1인 2역을 연기해야 하니까 그만큼 섬세한 표현들이 필요했을 거거든요. 그런데 그런 것들을 잘 해내는 모습을 보며 분석을 많이 하고 고민한다는 인상을 받았어요. 같이 연기할 때는 장난도 치면서 즐겁게 촬영했던 기억이 나요. 대본 리딩 때부터 같이 여러 이야기도 나누고, 고민도 함께하면서 맞춘 덕분에 실제 촬영장에서는 별다른 어려움 없이 서로 힘내서 촬영할 수 있었어요.

다른 배역 중에 해보고 싶은 캐릭터가 있었을까요?
모두 다 매력적이라 누굴 꼽기가

어려운데… 음… 바이리 캐릭터가 매력적인 것 같아요. 해리도 캐릭터가 매력적인 것 같고. 다 매력적인데 어쩌죠? (웃음)

촬영하면서 기억에 남는 순간은 언제였나요?
현장에서 즉흥적으로 만들어나가는 것들이 많았어요. AI태주랑 제가 우주에서 만나는 장면이 있는데 원래는 그 장면이 없었거든요. 그런데 촬영을 하다가 "어, 여기서 정인이가 이렇게 나타나면 좋겠다"라고 감독님께서 의견을 주셔서 제가 우주로 가는 장면을 갑자기 찍게 됐고, 노래까지 부르게 됐죠. 이 모든 게 즉석에서 이루어진 장면이라 기억에 많이 남아요.

김태용 감독님과 처음 작업했는데 어땠나요?
너무 좋았어요. 촬영 들어가기 전부터, 또 시작 단계부터 얘기를 많이 나눌 수 있어서 좋았어요. 그리고 현장에서도 계속 소통하면서 촬영했는데 감독님이 엄청

섬세하시고, 디렉션도 분위기도 다른 촬영장과 스타일이 달랐어요. 특히 감정에 대한 이야기를 많이 나누었는데 우리가 보편적으로 느끼는 감정이지만 말로 설명할 수 없는 어느 지점이 있잖아요. 그런 세세한 감정에 대해 감독님과 많은 대화를 나누면서 만들어나갔던 것 같아요.

김태용 감독님 작품 중에 좋아하는 작품이 있나요?
네! 〈만추〉를 정말 좋아해요. 너무 좋아해서 일곱 번 정도 본 것 같아요. 영화의 분위기가 너무 좋아서 볼 때마다 새롭게 다가왔어요.

마지막으로 〈원더랜드〉를 사랑해주신 팬분들께 인사 부탁드립니다.
〈원더랜드〉를 통해서 자신의 삶과 소중한 인연에 대해서 생각해보는 시간을 가질 수 있지 않을까 싶습니다. 즐겁게 보셨기를 바랍니다. 감사합니다.

태주

배우 **박보검**

영화 〈원더랜드〉를 선택한 이유는 무엇인가요?

더 이상 만날 수 없는 그리운 존재를 AI로 구현해준다는 설정이 흥미로웠습니다. 인간, 기술의 발전, 자본 간의 연계와 무엇이 중요한지에 대해 생각해보게 되는 부분이 영화 〈서복〉과 비슷했고, 등장인물들이 어떠한 마음으로 AI 서비스를 신청하는지에 공감이 되었어요. 무엇보다 심태용 감독님이 좋았습니다.

〈원더랜드〉의 시나리오를 처음 받아 보았을 때 어떤 느낌이 들었나요?

제가 처음 받았던 시나리오는 지금과 많이 달랐지만, 사랑하는 사람을 AI로 구현하여 영상으로 다시 만날 수 있다는 설정이 머지않은 현실 같아서 마음에 와닿았어요.

'태주'는 어떤 인물인가요?

태주는 건강하고 밝은 20대 청년으로, 연인 정인과 함께 항공사 승무원으로 근무하며 꿈을 키워가던 인물이었어요. 과거에 건강했던 태주는 성실하고 씩씩하며, 정인의 이야기를 잘 들어주는 듬직한 사람입니다. 그런데 뇌사 상태에서 깨어난 태주는 건강했던 과거의 태주와 달리 심란한 시기를 겪고 있는 인물로 표현돼요. 원더랜드 속 AI태주와 현재의 태주를 연기할 때에는 분위기 차이에 신경을 썼습니다. AI태주는 건강했던 태주를 기반으로 하여 더 밝고 활기차다면, 현실 태주는 정인의 기억과 SNS 데이터를 기반으로 만들어진 AI태주를 보며 자신이 누구인지에 대해 혼란스러움을 느끼고, 서운해하기도 하죠. 그러면서도 정인에게 미안함을 느끼는 인물이라 이런 복잡한 감정들을 표현하려고 노력했습니다.

배우 수지 씨와 처음 연기 호흡을 맞추었는데, 어땠나요?

태주와 정인이 겪는 감정과 상황에 대한 생각이 통해서 연기 호흡이 잘 맞았습니다. 영화 속에서는 사진이나 영상으로 짧게 보여지겠지만, 짧지 않았을 태주와 정인의 시간에 대해 함께 고민하고 태주와 정인의 마음이 어땠을지 생각해보며 태주, 정인의 이야기를 채워나갔어요.

김태용 감독님과 처음 작업했는데 작업한 소감은 어땠나요?

감독님과 작품에 대해 이야기를 나누며 작업하는 과정이 즐거웠어요. 감독님께서는 배우들의 이야기를 귀 기울여 들어주시고, 연기에 집중할 수 있도록 배려해주시는 분이세요.

감독님의 전작 중에 좋아하는 작품이 있다면 어떤 작품인가요?

저는 감독님의 〈가족의 탄생〉과 〈그녀의 연기〉라는 작품을 재밌게 봤습니다. 〈가족의 탄생〉은 서로가 배다른 가족이지만, '정'이라는 연대로 함께 살아가는 이야기가 따뜻하게 느껴졌습니다. '무심'과 '따뜻'의 중간 그 어딘가의 온도를 감독님께서 잘 이끌어내시고 작품에 담아주신 것 같아요.

멋진 배우분들이 많이 등장합니다. 다른 배우분들과의 작업은 어땠나요?

수지 씨 이외에 다른 배우분들과 마주하며 연기하는 장면들이 많이 없어서 아쉬웠습니다. 지아 역의 여가원 배우와는 짧은 시간이었지만, 같이 연기할 수 있어서 좋았고, 화란 역의 니나 파우 선배님께서는 서로 다른 언어로 연기하지만, 캐릭터가 마주한 상황에서 느껴지는 감정들을 눈빛으로 전달해주셔서 감동을 받았던 기억이 납니다. 바이리 역의 탕웨이 선배님과는 시나리오상 만날 기회가 한 번도 없었지만, 태주가

전화통화를 하는 장면을 촬영할
때 직접 현장에 오셔서 바이리의
목소리로 대사를 맞춰주셨어요.
태주의 감정에 더욱 몰입해
연기할 수 있도록 도움을 주셔서
감사했습니다.

**촬영하면서 가장 기억에 남는 장면은
무엇인가요?**
정인이 원더랜드 속으로 들어가
AI태주와 만나는 장면이 기억에
남습니다. 정인이 상상하는 그
장면이 원더랜드 서비스를 시작하게
되는 사람들의 모든 감정을
함축적으로 보여주는 것 같습니다.
보고 싶은 사람에 대한 그리움과 그
사람과의 행복했던 기억, 닿을 수
없다는 슬픔과 다시 볼 수 있다는
반가움 같은 복합적인 감정들이 담긴
장면이라고 생각합니다.

**앞서 언급하신 정인과 함께 노래 부르는
장면이 관람객들에게 화제를 모았습니다.
이 장면은 어떻게 완성하게 되었나요?**
상상 속에서 만난 태주와
정인의 장면은 사실 촬영 전날

만들어졌습니다. 직접 노래 가사도
써보고, 김태용 감독님 그리고
방준석 음악감독님과 함께 늦은
시간까지 이야기를 나누며 작업을
해서인지 더 기억에 남습니다.

**〈원더랜드〉는 SF 장르잖아요. AI태주가
우주 정거장에서 날기도 하는 등 다양한
액션을 해야 했는데 연기하면서 어려움은
없었나요?**
그린 스크린 앞에서 연기하는 게
좀 낯설기는 했지만, 어려움보다는
새로운 역할을 도전하는 마음으로
즐겁게 촬영했습니다.

**〈원더랜드〉를 사랑해주신 팬분들께 인사
부탁드립니다.**
영화 〈원더랜드〉를 사랑해주신 모든
분들께 진심으로 감사드립니다.
내가 사는 오늘을 원더랜드로
만들어 가기를 소망하겠습니다.
"Wonderland is Here."

해리

배우 정유미

〈원더랜드〉라는 작품을 선택하신 이유는 무엇인가요?

오랜만에 김태용 감독님과 다시 작업해보고 싶어서 선택하게 됐어요. 시나리오를 읽었을 때 원더랜드에 대한 이야기가 매우 흥미로웠고, 많은 감정들이 느껴졌는데 그런 점들도 기대가 되었고요. 그리고 근미래를 다루고 있다는 설정이 신선했고, 한 번쯤 해볼 수 있는 이야기기 아닌가 싶은 생각이 들어서 선택하게 되었어요.

〈원더랜드〉에서 원더랜드 프로그램을 운영하는 역할을 맡으셨는데, 원더랜드

서비스에 대해 직원으로서 간단히 소개해주신다면요?

보고 싶지만 볼 수 없는 사람들을 만날 수 있는 그런 영상 통화 서비스예요. 그리고… 이게 막상 제대로 설명하려고 하니까 어렵네요. (모두 웃음) 네! 간략하게 말하자면 보고 싶고 그리운 사람들을 만날 수 있게 해주는 그런 서비스입니다.

김태용 감독님의 〈가족의 탄생〉 이후 다시 함께한 작품인데, 어땠나요?

다시 만나서 정말 반가웠어요. 사실 지금까지 여러 작품을 찍으면서 어렸을 때 만났던 감독님들과 다시 한번 만나서 작업해보는 게 저의 꿈이라면 꿈이거든요. 그러던 중에 김태용 감독님을 다시 뵀는데, 감독님을 만나서 작업을 할 수 있는 게 꿈같기도 하면서 변하지 않은 감독님의 모습이 굉장히 인상 깊었어요. 또 많은 말을 하지 않아도 느껴지는 감정들이 다양하게 있었는데 그런 점이 좋았어요. 그리고 저는 이 작품으로 끝내고 싶지 않아요. 다시 한번 해야 할 것

같아요. 저는 여기서 못 한 게 너무 많습니다. (웃음) 다시 한번 작업할 수 있는 기회가 있으면 좋겠어요.

해리는 어떤 인물인가요?

세상을 떠난 누군가를 그리워하는 분들을 위해 세상에 없는 인물을 AI로 구현해서 영상 통화를 할 수 있게 설계해주는 사람이에요. 프로그래머라고 보시면 될 것 같아요. 감정 변화가 큰 인물이 아니라서 딱히 이런 성격이라고 꼬집어 말할 수는 없는데, 해리는 성실하고 사람들의 이야기를 잘 들어주는 그런 역할 같아요.

해리를 연기하면서 특별히 신경 쓴 부분이 있나요?

아무래도 가상의 인물을 구현하는 영상 통화 서비스의 설계자다 보니까 CG 장면이 좀 많았어요. 아직은 입혀지지 않은 인물을 대상으로 연기를 하거나, 그들을 소통하게 해야 하는데 그런 부분이 좀 어렵지만 재밌었어요. 그리고 엄마, 아빠와 영상 통화를 하는 장면이

있었는데 실제로 촬영할 때는 영상을 보면서 할 수 없었거든요. 그런데 두 선배님께서 직접 현장에 오셔서 사운드로 연기를 맞춰주셨어요. 정말 감사했어요. 아무것도 없는 걸 있는 것처럼 연기할 때랑 현장에서 실제로 소리를 주고받으면서 연기할 때랑 연기 호흡이 완전히 달라진다는 걸 확연하게 느낀 순간이어서 그게 새로운 경험이었던 것 같고요. 때로는 없어도 있는 것처럼 연기해야 하고, 불가피한 상황에서는 혼자 연기해야 할 때도 있거든요. 그런데 감독님과 배우분들이 배려해주셔서 덕분에 많은 장면들을 풍부하게 구현할 수 있지 않았나, 그런 생각이 들어요.

최우식 배우와 함께 많은 장면을 촬영했는데, 소감이 어떠신가요?

(곰곰이 생각하다, 웃음 터짐. 눈물 닦으며) 왜 이게 울 일이 아닌데 눈물이 나죠? (웃음) 대답 생각하다가 눈물이 났다고 해주세요. 그리워하다가⋯ 이거 자르지 마세요. (모두 웃음) 같이 한다고 했을 때 정말

많이 든든했고요, 기대도 많이 됐고 역시나 촬영하면서도 무척 든든한 파트너였고요. 현수 역할에 최우식 군이 함께해줘서 좋았고, 정말 좋은 현장에서 시간을 잘 보낼 수 있었던 것 같아요. 정말 즐거웠습니다.

배우 정유미가 바라보는 배우 최우식은 어떤 배우인가요?

저희가 〈부산행〉이라는 영화에 같이 나오긴 했지만, 서로 호흡을 맞추는 씬은 없었거든요. 그런데 이번에는 거의 모든 장면에서 호흡을 맞추면서 많이 놀라고 많이 배웠어요. 워낙 연기를 잘하는 건 알고 있었지만 정말 좋은 배우더라고요. 우선 순발력이 뛰어나고, 또 굉장히 성실해서 배울 점이 많다는 생각이 들었고요, 그리고 저희가 현장에서 새롭게 만들어지는 것들이 많았거든요.
그럴 때도 바로바로 맞춰서 무리 없이 연기를 잘 해나가더라고요. 그런 게 저는 매우 좋았고, 자극도 많이 됐고, 동생이긴 하지만 정말 많이 배웠어요.

다른 배우분들과의 호흡은 어땠나요?

정란 역을 맡으신 성병숙 선생님이나 진구 역할의 탕준상 씨도 그렇고 정말 연기를 잘하시는 분들이라 많이 배울 수 있어서 좋았고, 또 캐릭터랑 잘 어울린다고 생각했어요. 그리고 현수 아버지로 나오는 용식 역의 최무성 선배님도 짧지만, 이미 인물에 몰입해 계셔서 연기하는 데 편안했어요. 제 커트를 찍지 않을 때는 이렇게 선배님들 연기나 탕준상 씨가 하는 연기를 구경하게 되더라고요. 좋은 현장이었어요. 한 가지 아쉬운 점은 영화에는 함께 나오지만, 태주 역할, 정인 역할로 나온 수지 씨랑 보검 씨랑은 사실 만나는 장면이 딱 한 장면이 있어요. 그런데 그것도 직접 만나는 게 아니라, 먼발치에서 간단하게 인사하는 정도로만 나오거든요. 바이리도 그렇고요. 그래서 너무 아쉬웠어요.

〈원더랜드〉에 등장하는 인물 중 연기해보고 싶은 캐릭터가 있을까요?

저는 공유 선배님이 맡은 역할을

해보고 싶어요. AI역할이라 신선하잖아요. 다음은 수지 씨 역할인데, 비록 슬픔이 많은 역할이긴 하지만 풋풋하고 아름다운 추억을 가진 인물이라 복합적인 감정 연기를 할 수 있는 캐릭터 같아서 한번 해봐도 좋았을 것 같다는 생각이 들어요.

촬영하면서 가장 기억에 남는 순간을 꼽아보신다면요?

너무 많아서 뭐부터 이야기를 해야 할지… 아무래도 해리와 현수의 주 공간이었던 원더랜드 작업실에서 촬영한 모든 씬들이 기억에 남고요, 촬영 당시에는 아직 구체적으로 실체화되지 않은 장치들을 다루면서 있는 것처럼 연기해야 했거든요. 그런 것들이 조금 어렵긴 했지만 새로웠어요. 서로 상의하면서 해나갔기 때문에 의미가 있는 것 같아요. 다른 영화에서는 해볼 수 없는 연기라 그런 부분이 기억에 남습니다. 또 원더랜드 작업실 밖에서 촬영하는 장면의 경우에는 (그런 씬들이 많지는 않았지만)

CG의 제약이 덜하다 보니까 좀 더 자유롭게 찍었던 것 같아요. 아, 한 가지 기억이 났는데, 짜장면을 먹는 장면에서 아무래도 촬영 목적으로 준비한 음식이다 보니 짜장면이 많이 불어서 서로 웃음을 참으며 연기한 적이 있어요. 편안한 현장이었어요. 그런데 이거 말씀드리면 저희 미술팀이 속상해하실 텐데…

관객에게 추천하고 싶은 장면이 있나요?

저는 개인적으로 제가 촬영한 장면 외의 모든 장면이 기대가 되더라고요. 어떻게 연기하셨을까, CG는 어떻게 구현됐을까 많이 궁금했어요. 모든 장면이 좋아서 놓치지 않고 보시면 될 것 같습니다.

혹시 해리와 현수가 나오는 장면 중에 추천하고 싶은 장면이 있나요?

추천하고 싶은 거요? 아니오, 없습니다. (웃음)

**〈원더랜드〉를 사랑해주신 팬분들께 인사
부탁드립니다.**

저는 이 영화에서 다시는 볼 수 없는
사람을 영상 통화라는 매개체로
다시 만나게 한다는 점이 굉장히
흥미로웠는데요. 누구에게나 그런
사람이 있을 거라고 생각해요.
그래서 〈원더랜드〉가 여러분에게
그리운 사람이나 보고 싶은 사람을
다시 만날 수 있는 희망이나 기대감

같은 따뜻한 기운을 전해드릴 수
있었기를 바라요. 그리고 이 가상의
세계가 실제로도 구현될 수 있는
미래가 오지 않을까 싶어요. 같이
기다려보아요. (웃음)

현수

배우 **최우식**

영화 〈원더랜드〉를 선택한 이유는 무엇인가요?

가장 큰 이유는 김태용 감독님과 함께 작업하고 싶어서이고, 사실 그거 말고는 이유가 별로 없는 것 같아요. 물론 정말 멋지고 훌륭하신 배우분들과 정유미 누나와 같이 연기 호흡을 맞추는 일도 좋았지만, 지금 생각해봐도 감독님이 가장 큰 이유이지 않았나 싶습니다.

시나리오 처음 읽었을 때 어떤 작품이라고 느꼈나요?

되게 재밌었어요. 뭔가 신선한 재료로 맛있는 음식이 만들어진 것처럼 저한테 신선하게 다가왔던 것 같아요.

〈원더랜드〉의 관람 포인트는 무엇인가요?

정말 포인트가 많지만, 딱 두가지만 꼽자면 하나는 엄청난 매력을 가진 다양한 배우들이 나오는 영화라는 점이에요. 배우들이 각자 다른 스토리를 가지고 있지만, 그 스토리들이 뜨거운 빵 위에 놓인 버터처럼 작품에 잘 녹아들어서 영화의 풍미를 극대화해주거든요. 그래서 배우들의 다양한 연기를 볼 수 있는 점이 큰 포인트입니다. 또 한 가지는 세상에 없는 소중한 사람을 영상 통화로 다시 만나게 해주는 서비스를 다룬 영화잖아요. 그래서 실제로 상실을 겪었거나 보고 싶은 사람이 있다면 이 영화를 통해서 위로받을 수 있지 않을까, 하는 생각이 듭니다.

극 중 원더랜드 서비스와 밀접한 연관이 있는 인물인데요, 관계자로서 원더랜드 서비스에 대해 설명해주신다면요?

저희가 가지고 있는 기술은요, 세상을

떠난 분의 기억이나 추억들을 저희가 다 수집해서 AI에 넣는 거예요. 이 AI는 오프라인 상태일 때도 스스로 딥러닝을 하는 인공지능인데요, 이렇게 완성된 AI를 통해서 세상을 떠난 소중한 사람과 영상 통화를 할 수 있게 해주는 그런 서비스입니다.

현수는 어떤 인물인가요?

현수는 해리라는 동료 선배와 영상 통화 기술을 만드는 회사에서 프로그래머로 일하고 있는 친구인데요, 이 기술을 통해서 많은 사람들을 만나거든요. 그 과정에서 삶과 죽음에 대해서 스스로 배워가는 캐릭터입니다.

현수 캐릭터를 연기하면서 특별히 신경 쓴 부분이 있을까요?

아무래도 파트너인 해리 선배 역할의 정유미 누나랑 좀 더 호흡을 잘 맞추려고 했던 것이 가장 컸던 것 같아요. 어떻게 하면 두 인물이 좀 더 자연스럽게 보여질 수 있을까, 많이 고민했어요. 캐릭터가 기술을 다루는 역할이다 보니 저희가 장비

다루는 씬들이 좀 있는데, 아시다시피 CG 구현을 위해서 크로마키는 그린 스크린을 두고 연기해야 했거든요. 그런 동작들이 부자연스럽지 않게 하려고 유미 누나랑 많이 생각했던 것 같아요.

배우 정유미 씨와 같은 작품에서 파트너로서 호흡을 맞춘 소감은 어땠나요?

정말 누나 아니었으면 큰일 날 뻔했어요. 정말 너무 편한 사람과 함께했기 때문에 어려움을 맞닥뜨렸을 때도 잘 이겨낸 것 같고, 사실 저희가 하는 연기가 저희 스스로 진짜라고 느끼지 못하면 보는 분들도 어색하실 수 있거든요. 그래서 그런 점들을 많이 이야기 나누고 호흡을 잘 맞췄던 것 같아요. 그 부분에서 고마운 마음을 가지고 있습니다.

배우 최우식이 바라본 배우 정유미는 어떤 배우인가요?

진짜 솔직한 배우인 것 같아요. 거짓 없이 보고 느낀 대로, 정말 그대로 연기를 하는 배우인 것 같아요.

그래서 그 점을 보고 많이 배웠어요. 저는 어떨 때 좀 거짓말을 할 때도 있는데 (모두 웃음) 정유미 배우님은 진짜 감정을 정말로 표현하는 배우더라고요. 그래서 옆에서 많이 보고 배웠어요.

다른 배우들과 함께 호흡을 맞춘 소감은 어땠나요?

사실 많이 안 마주쳐서… 정말 좋았던 것 같아요! (모두 웃음) 현장에서 정말 즐겁게, 놀이방에서 다른 친구들과 만나서 놀이하는 것처럼 무척 즐겁게 촬영했던 것 같아요. 워낙 작품의 주제 자체가 죽음을 다루고 있어서 작품 코어가 좀 우울할 수는 있지만, 출연하신 배우분들이 밝은 분들이셔서 전혀 그렇지 않았고, 현장에서 하하, 호호하면서 재밌게 작업했어요. 해리와 현수가 다양한 분들의 스토리 안에 녹아드는 역할이라 그 부분을 관람 포인트로 보시면 무척 재밌을 것 같아요.

캐릭터 중에 탐났던 캐릭터가 있었나요?

저는 감독님 역할이 정말 탐났습니다. (웃음) 이렇게 멋진 배우들이 한자리에 모이기 정말 힘든데 가운데 계시면서 배우들이 연기하는 장면의 뷔페를 즐기는 것처럼 즐거워 보였거든요. 그래서 감독님 역할이 무척 탐났어요.

촬영했던 장면 중에 가장 기대한 장면이 있다면 무엇인가요?

바이리가 가상 세계를 뒤흔드는 장면이 있어요. 그 장면이 AI의 혼돈을 보여주는 결정적인 장면인데, 촬영하면서 그 장면이 어떻게 구현될까 정말 궁금했고, 한편에서는 해리와 현수가 그 상황을 해결하는 장면이 펼쳐지는데 촬영하면서 많은 아이디어도 공유하고 논의하면서 찍었던 기억이 납니다. 보시는 분들도 그 부분을 잘 봐주시면 좋겠어요.

촬영하면서 기억에 남는 에피소드가 있다면요?

정유미 배우님과 전주 세트장에서

오랜 시간을 같이했어요. 사실 아무것도 없는 배경에서 마치 무언가 있는 것처럼 연기를 해야 했거든요. 처음엔 어색했어요. 나중에 CG가 어떻게 입혀질지, 어디에 뭐가 있을지 몰라서 허우적거리면서 수영하는 것처럼 연기했는데, 그때 서로 어색함을 풀기 위해서 장난도 많이 치고, 서로 놀리고 했던 기억이 나요. 또 짜장면 먹는 장면이 있었는데 미술팀에서 짜장면을 대량으로 준비를 해주신 거예요. 이 장면이 있다는 걸 알고 저희 둘 다 기대하고 도착했는데, 짜장면이 다 불어 있어서 실망했던 기억이 납니다. 그렇지만 그 짜장면 집이 짜장면 맛집이라는 설정이어서 잘 먹었습니다. (웃음)

김태용 감독님과 작업을 많이 기대했다고 하셨는데, 함께한 소감은 어땠나요?

감독님의 전작 중에 〈가족의 탄생〉을 정말 좋아하거든요. 그 영화의 매력에 빠져서 감독님과 함께해보고 싶기도 했고요. 같이 작업해보니 사람들이 왜 감독님을 좋아하고, 존경하는지 알

것 같더라고요. 첫 미팅 때 감독님과 대화하면서 '이렇게 편해도 되나?' 하는 생각이 들었어요. 직업적으로 만나지 않았더라도 사람 대 사람으로 대화하기가 정말 편한 분이지 않나 싶어요. 무슨 얘기를 하더라도 다 들어줄 것 같은 그런 분이에요. 현장에서 정유미 배우님이랑 제가 생떼 부리고 어떨 때는 어린애처럼 굴어도 감독님이 오냐오냐 잘 타일러주시고… 감사했어요.

〈원더랜드〉 사랑해주신 분들께 인사 부탁드립니다.

요즘 지치고 힘든 분들이 많은 것 같아요. 힐링이 필요한 때인 것 같은데, 〈원더랜드〉가 충분히 그 역할을 해주었기를 바랍니다. 여러분, 모두 힘내시고 항상 건강하세요!

대담

1, 2

김태용

×

김대식

우리는 어떻게
소통할 것인가

대담 날짜 2021년 11월 30일
대담자 김태용 X 김대식
장소 김영사 사옥

김대식 교수(이하 김대식) 우선, 이 책을 읽을 독자를 위한 질문입니다. 〈원더랜드〉는 어떤 영화인가요? 영화에 대한 소개를 부탁드립니다.

김태용 감독(이하 김태용) 〈원더랜드〉는 원더랜드라는 공간의 명칭이자, 그 공간을 운용하는 회사의 이름입니다. 영화 〈원더랜드〉는 그 공간 안에 있는 사람들, 그 사람들을 만든 사람들, 그 사람들을 만들어달라고 요청한 사람들에 대한 이야기입니다. 한 사람이 죽어 더 이상 그를 만날 수 없게 되었을 때 그 사람의 정보를 가지고 그 사람을 인공지능으로 복원해 마치 가상 세계에서 살고 있는 것처럼 계속 소통하고 인연의 끈을 이어가려는 사람들의 바람, 그 그리움에 대한 이야기라고 생각했습니다.

김대식 원더랜드라는, 영화에 등장하는 회사가 더는 만날 수 없는 사람을 만나게 해주는 서비스를 제공하는 것에 대한 이야기라고 이해하면 될까요?

김태용 저보다 정리를 잘 해주시네요. 앞으로 누가 물으면
이렇게 대답해야겠습니다. '만날 수 없는 사람들을 만나게
해주는 서비스에 대한 이야기'라고요.

만날 수 없는 사람들을 만나게 해주는 서비스 '원더랜드'

김대식 영화에서 다양한 사람들의 이야기가 옴니버스
스타일로 이어지며 중간에 서로 연결되기도 하는데요, 이
영화는 빅데이터를 기반으로 인공지능 비슷한 것을 만들 수
있고, 현실 공간이 아닌 메타버스 같은 가상 공간에서 죽은
사람들과 만나 대화를 나누고 서로 볼 수도 있는 근미래를
배경으로 하고 있습니다. 표면적으로 보면 사이언스 픽션,
SF죠.
그런데, 김태용 감독과 SF가 바로 연결되지는 않잖아요?
지금까지 연출하신 영화를 보면 인간관계, 사람에 대한
이야기를 주로 그리셨는데요, 보통 SF라고 하면 우주선이
날아다니고 레이저 광선을 쏘잖아요. 그렇다면 〈원더랜드〉는
어떤 SF라고 이해하면 좋을까요?

김태용 SF라고 불러도 될지는 잘 모르겠습니다만,
돌아보면 이 영화에 대해 처음 이야기했던 2016년에는
좀더 SF스러웠다고 기억합니다. 지금은 가상 세계와의

소통이 점점 더 현실이 되고 있어서 SF스러운 면이
줄어들었지요. '근미래의 기술을 다루냐 다루지 않냐'보다는
'그런 과학기술이 이미 셋업된 세상에서 우리는 어떻게
소통할 것인가'에 좀 더 집중해보고 싶었습니다. 과학기술의
새로움을 기대하신 분들에게는 재미없을 수도 있지만,
새로운 기술이 우리를 어떻게 변화시킬 것인가, 하는
측면에서 보면 재미있지 않을까, 그렇게 과학기술에 대한
이야기를 해볼 수 있지 않을까 생각했습니다.

김대식　'기술이 우리를 어떻게 변화시킬까'는 중요한
질문이죠. 이 자리에서 너무 많은 스포일러를 하면 안
되겠지만, 그래도 영화에 등장하는 다양한 인물들에 대해
간단히 설명을 해주시면 좋겠습니다.

김태용　원더랜드는 만날 수 없는 사람들을 만나게
해주는 기술이잖아요. 영화 속 인물들은 관계에 연연하는
사람들입니다. 우리에게 익숙한, 한국적 신파라고 할까요.
우선 '바이리'라는 여성이 나옵니다. 아이를 남기고 죽게
된 엄마가 사후에도 아이에게 유의미한 존재가 되고 싶단
마음으로 본인을 인공지능으로 만들고, 아이와의 소통을
유지하죠. 하지만 그 소통을 통해서도 관계의 변화는 계속
일어나고, 아이는 살아 있는 엄마보나 인공지능 엄마에게
더 집착하게 됩니다. 인공지능 엄마는 아이에게 도움이
되고자 여러 시도를 하다가 결국 스스로 각성하게 됩니다.
인공지능 엄마는 아이에게 살아서 하지 못했던 말, "엄마는,
죽었어"라는, 어쩌면 가장 하고 싶었지만 가장 할 수 없었던

말을 살아 있는 사람처럼 하게 됩니다. 죽은 뒤 '내가
죽었다'란 말을 할 수 있는 존재가 있을 수는 없잖아요.
인공지능이 자신의 존재를 각성하게 되면 그 관계가 변하기
시작하고, 그 점이 흥미로운 지점인데요, 그럼에도 아이는
'그래도 곁에 있을 거지?'라는 듯 반응합니다.

지아	엄마..
	妈妈。
바이리	엄마는.. 엄마는, 죽었어.
	妈妈已经死了。
지아	그래도..
	那..
바이리	...
지아	잠자기 전에 책 세 권 읽어줄 수 있어?
	今天晚上睡觉之前还能给我读三本书吗?

아이에게는 엄마가 살았냐 죽었냐보다 자신과 연결되어 있냐
되어 있지 않냐가 더 중요하게 느껴지는 것이 아닐까요.
우리가 관계를 계속 이어가는 이유는 결국 무엇을 위함일까,
하는 생각을 하게 됩니다. 우리가 원하는 것은 육체적인
접촉일까, 정서적인 교류일까, 무언가가 끊기지 않고
계속된다는 자신만의 만족일까. 저는 궁금했습니다. 기술의
발달과 함께 우리는 누군가와 이어지게 되었고, 이동을 통해
물리적으로 이어지던 관계가 지금은 여러 다른 방식으로

이어지게 되었죠. 팬데믹을 통해 그 속도는 더 빨라졌고요.
다른 한쪽에서는 뇌사 상태인 사랑하는 남자친구를 병원에
두고 그리워하는 여자가 등장합니다. 여자는 원더랜드를
통해 남자친구를 인공지능으로 만들어서 소통해왔는데,
의학이 발달해서인지 기적이 일어난 건지 남자친구가
깨어나죠. 그런데 인공지능 남자친구와 소통해온 여자에게는
깨어난 남자친구의 존재가 약간 어색한 거죠. '나는
이 남자와 가상 세계를 통해 소통해왔는데, 그렇게
그리워한 남자가 정말로 깨어났는데 왜 이렇게 어색하지?
내가 사랑하는 사람이 이 사람이 맞았나?' 하면서
여자는 혼란을 느낍니다.
또한 인공지능을 만든 사람들의 이야기도 등장합니다.
그렇게 원더랜드 서비스를 둘러싼 사람들이 조금씩 변해가는
이야기가 이어집니다.

당신은 진짜인가요?

김대식 감독님께서 이 영화에 대한 아이디어를 2016년에
구상했다고 하셨는데, 그 배경이 궁금합니다. 저 같은
과학자들은 새로운 프로젝트를 시작하더라도 그 프로젝트가
식선에 끝낸 프로젝트와 대부분 연결되거든요. 연구를 하니
진행하고 실험을 하고 결과를 얻을 때, 그 결과 안에 다음
질문이 이미 들어가 있는 셈이죠. 과학이란, 알면 알수록
우리가 뭘 모르는지를 알게 되는 법이니까요. 그런데 영화는
꼭 그렇지는 않은 것 같아요. 물론 같은 세계관 내에서 계속

영화를 만드는 감독들도 있지만, 김태용 감독님 같은 경우는
영화 하나하나가 다른 장르, 다른 내용, 다른 배경을 가지고
있는 듯 보여요.
만날 수 없는 사람을 만나게 해주는 서비스, 더는 볼 수 없는
사람에 대한 그리움. 이런 것에 대한 아이디어를 어디서
어떻게 얻으셨나요?

김태용   영화 안에 짧게 등장하는 이야기가 있습니다.
손자를 잃은 할머니가 손자를 AI로 복원시켜서 그 아이와
소통하는 이야기인데요, 그 아이디어가 가장 먼저 떠올랐던
것 같아요.
저는 가족과 영상통화를 자주 하는 편인데요, 영상통화를
끊은 후 '내가 실재하는 사람과 통화한 걸까?' 하는 생각을
가끔 했어요. 가족이 외국에 있기도 하고, 시차 때문에 서로
낮밤이 바뀌어 있기도 하고, 외국어를 써야 할 때도 있죠.
기존에 제가 가지고 있던 삶의 패턴과 크게 달라진 상황
속에서 어느 순간, 내가 관계를 맺고 있는 저 사람이 실재가
아닐 수도 있겠다는 생각이 들었어요. '저 사람이 나한테
왜 웃지?' 싶을 때도 있고, 어제 통화하고 오늘 통화하며
그사이에 존재하는 간극을 느끼기도 했죠. 뭔가 다시 셋업된
것 같은 느낌. 제가 어렸을 때, 아마도 많은 아이들이 그런
생각을 할 것 같은데, '이 세계는 나를 위해 만들어진 세계가
아닐까? 내가 안 볼 때는 달라질지도 몰라. 내가 볼 때는
분주히 움직이고 있지만 내가 안 보면 속닥속닥하거나 멈춰
있는 거야.' 하는 상상을 자주 했거든요. 흡사 〈트루먼쇼〉
같달까요? 그 상상을 완전히 잊고 있다가 2016년에

영상통화를 하면서 다시 떠올렸어요. '어쩌면 나는 이
사람과 결혼해 아이를 낳고 이렇게 살고 있는 게 아닐지도
모른다'라는 이상한 생각이 들었어요.

김대식 '내가 영상통화로 이야기한 상대방이 진짜일까'라니,
매우 흥미로운 이야기네요. 그렇지만 누군가와 대화한다는
느낌을 받는 본인은 진짜겠죠.
아까 말씀하셨던 여러 인물 중 뇌사 상태인 남자친구의
인공지능과 원더랜드로 소통하는 여자 이야기가 있었잖아요.
시간이 어느 정도 지났는지는 모르지만, 마침내 진짜
남자친구가 깨어났을 때 변한 건 여자 쪽이었다고
말씀하셨고요.
이런 이야기를 듣다 보니 관계에 대한 감독님의 생각이
궁금해져요. 감독님이 말씀하신 것의 철학적 전제를
살펴보면, 감독님 세계관에서 또는 감독님이 가진 인간에
대한 믿음 안에서 관계라는 것은 항상 본인과의 관계를
의미하고 있거든요.
영상으로 누군가를 만나고 있지만 사실은 내 머릿속 나와
대화를 하는 건 아닐까 싶다든가, 영화 〈원더랜드〉에
등장하는 여자가 사랑한 사람은 실재하는 남자친구가
아니라 그동안 대화하고 관계를 지속해온 원더랜드 속
인공지능이라든가. 어떻게 보면 이것이 〈원더랜드〉의
세계관이자 감독님의 세계관이라고 해석할 수 있겠단 생각이
들어요. 모든 관계와 사랑은 사실 본인과의 관계, 본인에
대한 사랑이라 생각됩니다.

김태용　교수님이 쓰신 책들을 읽으며 가졌던 궁금증이기도
합니다. 우리가 사물이나 세상, 혹은 인간을 인식한다는 게
뭘까? 내게 입력되는, 일종의 정보값이랄까요. 그것이 진짜
그 사람일까? 우리가 인식하는 세계가 객관적인 세계가 아닌
나를 통해서 들어온 세계라면, 내가 인식하는 이 사람도
객관적으로 존재한다기보다는 나한테 어떤 식이든 적용되는
거구나, 하고 생각했습니다.

김대식　그렇게 보면 〈원더랜드〉가 보여주는 세상은 상당히
이기적인 관계와 이기적인 사랑인지도 모르겠네요. 인간의
자기중심적인 본능, 사회적으로 포장하자면 타인을 사랑하고
타인을 보고 싶은 본능과, 이 모든 관계가 결과적으로
자기 자신을 위한 것이라는 이야기이죠. 어찌 보면 당연한
사실이지만 드러내놓고 이야기할 수 없는 거잖아요.
우리가 사람을 만나면서, '사실 내가 지금 당신을 만나는
건 나 자신을 위한 것입니다. 그게 아니면 만날 이유가
없는 거잖아요'라고 할 수는 없는 노릇이니까요, 그렇다면
〈원더랜드〉는 기술의 발전과 인공지능, 메타버스를 통해
나를 위한 관계와 사랑이 실행될 수 있는 미래를 보여주는
건가요?

과학기술을 통해 사람을 연구하는 작업

김태용　그렇게까지 세상에 대한 전망을 담고 있는지는
모르겠지만, SF로 다루는 모든 것이 어쨌든 그것을 통해

사람을 연구하는 일이잖아요. 우리는 어떤 사람들일까?
말씀하셨지만, 나는 나를 어떤 관념 안에서 이해하고
있었는데, 알고 보니 생각보다 굉장히 자기중심적으로 관계
맺기를 하고 있었다. 과학이 발달하면서 사람이 스스로를
알게 되는 것 중의 하나가 말씀하신 그런 것이 아닐까
싶습니다.

옛날에는 헷갈리게 하는 게 많았는데 요즘은 정보가 워낙
많아지다 보니 오히려 자기한테 최적화된 정보들을 취하게
되고, 이쪽을 보는 사람은 정말 세상이 이런 줄 알고, 저쪽에
있는 사람은 정말 저런 줄 알고 살지요. 그걸 더 미시적으로
보면 이 관계 안에서 내가 정말 사랑하는 사람이니까
사랑하는 거고요. 관계가 더 넓어진 것같이 보이지만 사실
굉장히 좁아진 것 같기도 해요.

김대식 현재 인터넷에서도 그런 이야기를 많이 해요.
정보의 양은 놀랍도록 늘었는데 사실 우리가 경험하고 있는
온라인 세상이 모든 온라인 세상은 아니잖아요. 우리의
성향을 파악해서 우리가 좋아하는 것, 우리가 원하는 것을
파악한 인터넷 서비스들이 제공하는 추천시스템만 우리에게
도달하는 것을 '필터 버블Filter Bubble'이라고 이야기하죠. 그리고
우리는 그 버블 안에 갇혀 있어서 결국 우리가 이미 알고
있던 것, 또는 우리가 원하는 것, 또는 우리가 선호하는
것들을 계속 반복해서 보게 됩니다. 그러다 보니 나의 믿음이
강화되어 확신이 되는 것이고요. 세상에 이야기하거나
소리를 질러도 추천시스템을 통해서 반사가 되기 때문에
'디지털 메아리'라고 이야기를 많이 해요. 우리가 이미

이러한 필터 버블 안에 살고 있다면, 진화된 메타버스 안에서
단순한 필터 버블을 넘어서 현실 버블, 각자가 그 안에 살게
될 수도 있겠네요.

18세기 독일 수학자이자 철학자인 라이프니츠는 물질
세상에서 가장 작은 단위를 원자라고 이야기하듯 영혼의
가장 작은 단위를 '모나드' 그러니까 그리스어로 점,
포인트라는 개념으로 정의를 내렸었지요. 영혼의 가장
단순한 단위가 있는데 라이프니츠가 이야기한 가장
흥미로웠던 것 중의 하나는 "모나드에는 창문이 없다"라는
말이에요. 그 이야기는 영혼간의 소통은 결국 불가능하다는
이야기에요. 우리는 우리만의 영혼 안에 갇혀 있고, 우리가
관계나 소통이라고 이야기하는 것은 진정한 의미에서의
관계와 소통이 아니라는 거지요.

라이프니츠는 우주의 모든 것은, 신이 우주를 만들 때
이미 다 정해놨다고 믿었어요. 그래서 인과관계라는 것은
존재하지 않는다고 믿었죠.

우리가 인과관계라고 믿는 것은 겉에서 보기에는 두
모나드가 가까워졌기 때문에 관계를 가지고 서로 영향을
주는 개념이라고 생각하지만, 라이프니츠는 서로 아무
영향을 주진 않는다는 거예요. 결과적으로, 모나드는 창문이
없으니까.

아수 흥미로운 철학 이론인데, 제가 영화 〈원더랜드〉를
보면서 받았던 느낌은 인공지능, 그리고 어떻게 보면
인간의 미래를 스캔할 수 있는 기술, 메타버스라는 기술,
이 세 가지가 발전하면서 우리 인간도 점점 나만의 세상,
나만의 모나드 안에 우리를 가둬놓게 되지 않을까, 하는

것이었습니다. 그런데 모나드에는 창문이 없기 때문에
모나드가 생기는 순간 진정한 의미에서 관계가 불가능하다는
것이지요. 그렇다면 진정한 사랑도 불가능하다는 이야기일
텐데, 그럼에도 우리는 겉으로 보기에 사랑같이 보이는 것을
유지하고 싶어하지 않을까 싶어요.

예를 들어서 바이리를 볼게요. 영화에서 엄마는 딸을 정말
사랑했는지 아니면 딸을 사랑한다는 그 느낌을 사랑했는지
모호합니다. 아이의 경우는 영화에서 잘 보여줬다고
생각해요. 아이는 엄마를 사랑했다기보다 엄마 같은 존재가
있고 사랑한다는 느낌을 사랑한 것이 아니었을까 싶어요.
나중에 엄마가 죽었다고 이야기해도 큰 상관이 없었거든요.
통화만 계속 하고 본인 성장 과정에서 엄마가 계속 도움만
줄 수 있다면.

김태용 엄마의 실체보다 나에게 엄마가 있다는 인식, 그게
더 중요한 순간이 있잖아요. 존재의 실체. 저는 교수님 책
읽고 연락을 드려서 한 번 만나게 되고, 책에 사인도 받고.
그런 일련의 과정에서 많은 생각을 하게 되었어요.

그 과정 속에서 영화를 만들며 했던 고민들이 과학적 언어로
해석이 되더라고요. 그동안 해왔던 고민들 말이죠. 큰 틀
안에서는 일관성이 없었지만, 하나하나 보면 모두 관계의
소통에 대한 관심이었어요.

소통을 하려면 소통하는 방식들이 다양하잖아요. 타협도
있고, 설득도 있고, 여러 가지가 있겠지만 점점 갈수록
설득의 힘에 대해서 신뢰하지 못하게 되더라고요. 소통을
하기 위해, 내가 가능하다고 생각하는 유일한 소통의 방식은

감동에 있더라고요.

그렇다면 감동은 어디에서 올까요? 자연에 감동하든, 사람에
감동하든, 사랑에 감동하든. 그래서 우리 영화에서는 가장
강렬한 관계인 엄마와 딸 이야기, 연인 이야기 이렇게 두
가지 이야기가 주축이 됩니다. 이 두 관계가 나누는 감정은
관계를 이야기할 때 가장 핵심이니까요.

그런데 말씀대로, '이게 진짜 감정이야?'라든가 '실체가
정확히 있는 거야?'라는 고민을 하다가 다른 이야기가
생각이 났는데, 그게 가짜여도 되는 거겠죠? 이 영화를
통해 우리가 진짜냐 가짜냐를 탐구하기 시작했는데 저는 잘
모르겠더라고요. 그게 가짜여도 무방하지 않을까요?

김대식 '우리가 인식하고 우리 눈에 보이는 것이
진짜인가'라는 질문은 철학과 역사에서도 오래된 논쟁이죠.
우리는 눈, 코, 귀를 통해서 들어온, 그리고 뇌에 들어온
정보를 가지고 모든 것을 판단하기 때문에 사실 우리가
아는 현실은 바깥의 현실이 아니라 내가 느끼는 현실이에요.
우리는 진화의 색안경을 끼고 태어나는 거잖아요.
이 색안경을 절대로 벗을 수가 없기 때문에 인간이 없었을
때의 세상이 어떻게 생겼는지, 그런 질문은 무의미합니다.
영화 〈매트릭스〉 같은 데서 그 주제를 가지고 계속 이야기를
하잖아요. 만약 기술이 정말 발달해서 내 뇌에 직접 현실을
심어줄 수 있다면 어떤 것이 진짜일까?
그것은 그 영화에서 가장 중요한 인간의 선택이었습니다.
파란 약을 먹으면 기계가 만든 시뮬레이션을 진짜라고
믿게 되어 시뮬레이션으로 만든 맛있는 스테이크를 먹고

혀에 스테이크 맛을 느끼고 뇌도 스테이크라고 인식을 하게
됩니다. 하지만 이것은 가짜이지요. 거꾸로 빨간 약을 먹으면
쓰레기장 같은 세상에서 이상한 꿀꿀이죽을 먹어야 합니다.
하지만 그게 진짜이구요.

저는 당시 영화를 보며 주인공의 선택을 이해 못 했어요. 왜
꿀꿀이죽을 선택할까? 결국 꿀꿀이죽을 먹을 때도 혀에서
느끼는 것은 가짜이거든요. 꿀꿀이죽이 인간의 뇌에 직접
들어올 수가 없어요. 이것을 눈으로 보고 코로 냄새를 맡고
혀로 맛을 보았을 때 받아들여지고, 다시 내부적으로 위에서
또 한 번 필터링이 되는 것이죠.

그렇다면 모든 것이 보드리야르의 시뮬라크르,
시뮬라시옹에서 이야기한 것과 같이 어차피 모든 것이
시뮬레이션이라면 한 번 더 시뮬레이션된 게 뭐가 나쁠까,
하고 질문을 해볼 수도 있겠지요. 색안경을 몇 개 썼든
결과적으로 제일 중요한 점은 내게 인식되는 것 가운데
가장 좋게 인식되는 것을 선택하면 그게 내 현실이 아닐까,
합니다.

김태용　저는 그게 궁금해서 몇 년 동안 진짜 가짜,
진짜를 찾는 행위, 가짜를 거부하는 용기 등을 머릿속에
떠올려보았어요. 이에 관해서는 여러 가지 이야기들이
항상 존재하잖아요. 그게 과연 뭘까? 혹은 그런 게 구별이
가능할까? 구별이 가능하다는 건 우열의 문제인가, 이런
여러 가지 고민을 하다가 교수님께 여쭤보고 나름의 정답을
얻었지요. '맛있는 게 좋은 거다. 진짜냐 가짜냐가 아니다.
맛있다고 하는 것이 좋은 거다.'

김대식 저는 제 인생 철학에서 제일 중요하게 생각하는 게 있어요. 인간이 동물과 다른 점 가운데 가장 중요한 점은 선택권이라고 생각해요. 인간에게는 선택권이 있죠. 동물들은 어쩔 수 없이 진화적인 과정을 통해서, 모든 동물이 그렇지 않겠지만, 결정이 선택되어져 있잖아요. 예를 들어 쥐라고 하면, 쥐는 눈앞에 치즈가 있으면 먹겠죠, 그 뒤에 덫이 있더라도. 하지만 인간은 진화적으로 세팅된 결정권 안에서 적어도 한 번 더 생각해볼 수 있고, 본인이 원하는 게 뭔지 선택할 수 있는, 결정할 수 있는 자유가 있다고 생각해요. 그리고 우리는 자유도가 높으면 높을수록 더 발전하고 더 좋다는 믿음을 가지고 있어요.

우리는 지금 김영사 출판사 사옥에서 대담을 나누고 있지만 여기는 감옥이 아니에요. 우리가 원하면 나갈 수가 있어요. 우리는 이미 사회에서 자유도가 높은 쪽이, 물론 나의 자유도를 위해서 타인의 자유도를 침범하면 안 되지만, 타인을 해치지 않는 차원에서 내 자유도를 최대한 높이는 것이 좋은 것이라는 합의가 있으며 실체에 대한 선택권도, 실체를 인식하고 결정하는 것도 내 선택으로 할 수 있으면 더 좋다고 생각해요.

결과적으로 김대식, 김태용은 호모 사피엔스로 태어났고, 인간의 눈, 코, 귀 그리고 뇌를 가지고 태어났고, 그 안에 신경세포들이 있어서 우리는 어쩔 수 없이 호모 사피엔스가 공유하는 색안경을 몇백 개 끼고 있습니다. 비슷한 색안경을 끼고 있기 때문에 지금 이런 대화를 나눌 수 있는 거고요. 달리 말하면 우리는 박쥐와 대화를 나눌 수가 없습니다. 박쥐는 세상을 초음파로 보기 때문이죠. 이런 상태에서 우리가 진화적으로 정해진 것만 받아들여 그것이 현실이고 실체라고 말하지만, 메타버스나 다른 필터, 데이터를 통해서 한 겹 더 들어오고 그게 내게 좋고, 내가 선택했다면 그게 현실이고 진짜가 될 수 있지 않을까요? 어차피 처음부터 진짜는 없었기 때문이죠. 물론 좋다, 나쁘다에 대한 다양한 기준이 있어야 하겠지만요.

이렇듯 실체에 대한 선택권을 인간이 가지게 된 것이 인류역사상 가장 큰 발전이라고 생각해요. 우리가 생물학적으로 치우쳐 보거나, 종교적으로 치우쳐 보거나, 이데올로기적으로 치우쳐 보면 그 현실에 인간이 맞춰가야 된다는 거잖아요. 그렇지만 현대 사회에서, 아니 어차피 우리는 태어날 때부터 진짜 진실이라는 것을 볼 수도 없고, 이제 '아마도 그런 게 없을 것이다'란 것도 잘 알고 있지요. 예를 들면, 우리가 한국인이기 때문에 우리만이 믿는 믿음이 있는 것처럼요. 기술적인 시뮬레이션. 이게 마치 러시아 인형같이, 양파껍질같이 다 들어왔는데 이것을 다 받아들 수도 있고, 다 부정할 수도 있고, 결국 이 중에서 내가 가장 선호하는 현실을 받아들이는 게, 그게 실체 아닐까 생각해봅니다.

김태용　이 책에 천기누설이 있는 거네요. 그동안 우리가 세상에 진리라고 여기던 것들이 진리인가, 아닌가 정도의 사고에 머물러 있었는데, 세상의 실체라고 하는 것이 과연 있는가, 없는가에 대한 사고로 넓어진 거네요.

김대식　수많은 진리 중에 내가 원하는 것을 체리

피킹하자는 거예요. 남한테 피해를 안 주는 조건으로.

김태용 정말 재미있는데, 이런 의문도 있지 않을까요? 저는 영화를 하면서 진짜냐, 가짜냐, 어떤 선택이 옳을 거냐, 이런 것을 넘어서, 진짜 가짜를 떠나 남에게 피해를 주지 않는 선에서 나의 자유도를 높이는 선택이 진리, 혹은 실체라고 계속 고민했습니다. 그러면 이런 질문이 들어요. 한 사회 안에서 권력의 문제가 배제된 자유란 게 있을까? 우리는 모두 절로 가야 할까?

이 큰 세상에서 각자가 본인이 원하는 현실을 선택할 수 있다면 모두 외로워질 거예요.

김대식 감독님이 말씀하신 게 핵심이에요. 분명히 두 가지 문제가 있습니다. 하나는 논리적인 문제, 또 하나는 정치적인 문제. 정치적인 문제는 좀 더 쉬워요. 사회를 누가 운용하는지, 누가 현안을 결정하는지, 이런 답은 분명합니다. 그런데 그것보다 더 흥미로운 문제는 앞으로 우리가 경험하게 될 메타버스라는 디지털 현실이 만들어지는 순간 미래의 인간에게 선택권이 있다는 것이에요. 나는 앞으로 어떤 현실에서 살래, 하면 그 현실을 내가 정할 수 있는 거죠. 사람들은 다양한 선호도가 있기 때문에 각자 다른 현실을 선택하게 되지 않을까 싶어요. 그런데 이 큰 세상에서 각자가 본인이 원하는 현실을 선택할 수 있다면 모두가 외로워질 거예요. 어차피 인간은 혼자 태어났기 때문에 외로운

존재예요. 하지만 우리는 영장류 원숭이다 보니 사회적인
그룹 안에서 살고 서로 이 좀 잡아주고, 껴안고 피부 온도도
느끼고. 원숭이가 따뜻한 몸의 온도를 좋아하잖아요. 그리고
공동체라는 것을 만들었어요. 이후 고향이라는 게 생겼고,
동료, 친구, 연인 등 이런 사회적인 새로운 구조를 통해서
인간의 존재론적인 외로움을 조금씩 컨트롤했었는데,
메타버스가 만든 수많은 무한의 현실 속에 내가 원하는
현실을 선택할 수 있다면 인간은 다시 무한의 외로움을
경험하게 되지 않을까 싶어요. 그런데 이 두 가지를 동시에
할 수 있을지는 모르겠어요. 나의 자유도를 내가 원하는
데까지 키우면서도 외롭지 않은 방법이 있을까요.
쇼펜하우어는 인간은 혼자 있고도 싶고 같이 있고도 싶다고
이야기하였는데, 메타버스라는 기술을 통해서 구현이
가능해진 거죠. 그 전에는 아무리 우리가 혼자 혹은 함께
살고 싶어도 기술적으로 불가능했어요. 그런데 오늘날
현실에 인공지능 기술, 메타버스가 등장한 거죠. 아마도 머지
않은 미래에, 감독님하고 제가 죽기 전에, 우리가 경험할
미래에 그 선택권이 생길 수 있을 것 같아요.
그래서 이런 관점에서 저는 〈원더랜드〉가 SF지만, 우주선도
등장하지 않고 레이저 광선도 등장하지 않는 사이언스
픽션이지만, 진정한 의미에서 미래를 가장 제대로 보여주는
SF라고 생각합니다. 제가 기존의 SF를 워낙 좋아해요.
그런데 〈스타워즈〉나 다른 SF를 보며 너무 의아했던 게
우주선을 타고 다니고 레이저 광선을 쏘고 빛보다 빠르게
날아다니는데도 인물은 다 20세기 인물들이에요. 이분들의
생각, 방식이 20세기라는 거죠. 결국 서부 영화잖아요,

〈스타워즈〉는 마치 19세기 서부영화 같아요. 기술은
엄청나게 발전했는데, 나는 세상을 지배하고 싶어해요.
미래 인류에게 세상을 지배하고 싶다는 욕망이 여전히 남아
있을까요? '나는 원수에게 복수하고 싶어.' 정말 미래 인류가
서부시대같이 원수를 갚고 싶어 할까요? 기존 SF의 형태는
미래인데 인물이 추구하는 가치는 현재 아니 대부분 과거란
점이 참 흥미로워요.
그런데 〈원더랜드〉는 대부분의 장소가 대한민국 서울이지만,
그 안에 등장하는 인간과 인간의 관계는 오늘날하고 많이
다르잖아요. 이런 관점에서 〈원더랜드〉가 진정한 의미에서
SF라고 생각해요.

김태용 그렇게 말씀하시니 생각이 나는데, 사실 지난 몇
년간 고민이 많을 때마다 김대식 교수님께서 한 마디를
계속 던져주시면 힘이 되었어요. 긴 이야기를 나누진 않아도
제가 가진 고민을 이야기하면 그 고민의 선 안에서 툭툭
던져주시곤 했어요. 오늘 말씀하신 자유도와 선택처럼요,
영화를 하면서 늘 고민했던 것은 '관계의 변화'인데요,
미래에 이 관계는 어떻게 변할 건가, 같이 있으면 힘들고
혼자 있으면 외로운 이 느낌은? 외로움을 표현하는 영화들도
많았고, 같이 살면서 지지고 볶고 싸우는 관계의 힘듦을
표현하는 영화들도 많거든요.
저도 〈가족의 탄생〉을 할 때, 같이 있다는 건 뭘까? 왜
우리는 같이 있어서 지지고 볶고 하는 걸까? 가족과 가족
아닌 관계 그 사이의 경계는 뭘까를 늘 생각했어요.

김대식　어찌 보면 가족이 천국이면서 동시에 지옥이잖아요.

김태용　그 고민은 여전하지만, 십몇 년 전만큼 강하지는
않아요. 가족이라는 관계 속에 왜 지옥과 천국이 있어 나를
힘들게 할까, 하는 생각에서 지금은 말씀하신 대로 관계를
맺는다는 것, 그 자체를 더 깊이 생각하고 있어요. 생각하다
보니 가장 강력한 관계는 가족 안에도 있고, 연인 안에
있다고 생각한 거죠. 그걸 영화로 표현해보려고 했던 건데,
말씀대로 잘 풀어졌는지 모르겠어요.
어쨌든 이 영화는 인간관계가 어떻게 변하고 있는지, 우리는
어떤 상태로 변하고 있는지에 관심을 두었기에 SF라고
과찬을 해주신 게 아닌가 싶어요.
그럼에도 가짜 혹은 진짜는 과연 의미가 있을까? 가짜와
진짜란 선택은 내가 한다, 세상은 펼쳐져 있다, 그동안은
인간이 삶의 질과 양을 확장시키는 데 노력했다면 지금은
나라는 것 그리고 내가 보는 저 사람의 관계성이라는 것이
저 사람의 실체가 아니라 단지 내가 인식하는 것이고,
나도 마찬가지로 실체가 아니라 저 사람의 인식을 통해서
드러나는 거라면 우리의 모든 관계는 결국 존재는 없고
관계성만 남는 거지요. 이 관계성들에 집중을 해보면 실체에
대한 고민은 무색한 고민이 아닐까, 싶어져요. 우리는 실체에
대한 고민을 너무 많이 해왔는데 이제 관계에 대한 고민으로
가야 하지 않을까요.

김대식　저는 충분히 그럴 수 있다고 생각하는데요. SF도
미래를 상상할 때 자주 혼동하는 게 우리가 상상하는 과거는

대부분 형태만 달라요. 지금같이 인터넷이 있고 자동차가 있는 게 아니고 마치 로마시대처럼 성에서 살고. 미래는 거꾸로 지금보다 훨씬 높은 건물들, 더 빠른 우주선을 타겠죠. 그런데 여전히 우리는 과거 현재 미래의 인간은 변하지 않는다는 믿음을 가지고 있는데, 이게 우리가 가진 박스 안의 생각인 것 같아요.

그런데 인간은 변하거든요. 물론 인간의 기본적인 틀은 변하기 어렵겠죠. 생물학적인 틀 말이죠. 하지만 세상을 어떻게 받아들이는지, 해석하는지는 매우 빠른 시간 안에 바뀔 수 있어요. 19세기 말 러시아 소설가들인 톨스토이, 도스토옙스키를 떠올려볼게요. 요즘은 천 쪽짜리 책 아무도 안 쓰죠. 쓰는 게 너무 힘들기도 하고요. 러시아 문호들의 책을 보면, 남자가 사랑에 빠지면 연인에게 연애편지를 최소 50장은 써요. 요즘은 이성과 사랑에 빠지면 카톡으로 강아지 한 마리 보내잖아요, 하트 모양 해서. 19세기 사람들이 봤을 때 우리는 이미 인간도 아니에요. 진짜 사랑이 아니에요.

김태용 진짜 사랑을 한다면 이래야 해, 하는 그런 사랑.

김대식 진짜 사랑을 한다며 시를 쓰곤 했었죠. 조선시대 때도 그러지 않았어요? 폭포를 보며 시를 쓰고, 눈물을 흘리고. 그런데 이제 사람들이 대부분 카톡을 해요. 이모티콘 하나, 우리에게는 그게 사랑이잖아요. 그러니 150년 전의 사람에게 우리는 인간도 아닌 거죠. 얼마나 정서가 메말랐으면 본인이 등장해서 사랑한다고 이야기하는 게 아니라, 이상한 곰 한 마리가 등장해서 엉덩이를 흔들고 있는 아이콘을 보내줄까, ㅋㅋㅋㅋ 하면서요.

 우리는 이미 변해버린 거예요. 그렇다면 150년 후 사람들은 어떻게 관계를 맺고 어떻게 감정을 표현할까요? 우주선, 눈에 보이는 우주선보다 더 본질적인 변화는 인간의 변화라고 생각해요. 이런 관점에서 기술이 발전하면서 우리는 우리에게 좀더 편한 방식으로 관계를 맺으려 할 것이고, 더 많은 다른 현실들을 스스로 선택하려고 하겠죠. 그런 생각이 들더라고요. 미래의 관계는 미래인들이 정하는 게 맞지 않을까 하는. 왜냐하면 100년, 200년 후의 인류도 오늘날같이 관계를 가지고 오늘날같이 사랑을 해야 한다고 우리가 이야기를 하는 것은, 다시 말해서 현재가 미래를 정의해야 한다고 이야기하는 건 동시에 공정하게 말하면, 과거가 현재를 장악해도 된다고 이야기하는 것과 같잖아요. 그런데 우리는 그걸 받아들일 수 없잖아요. 지금 우리의 모든 관계를 조선시대 위주로 하자면 난리가 날 것 아니에요? 그래서 우리도 미래인의 생활에 대해서 너그러워져야 하지 않을까 싶어요. 기술이 변하면 그 사람들만의 세계관이 생길 거고, 우리가 인간의 아주 중요한 관계라고 여기는 사랑도 충분히 변할 수 있다는 거지요. 우리 눈에는 더 이상 중요한 관계가 아닐 수도 있고, 사랑도 아닐 수 있어요.

김태용 '이미 그리고 변해 있다'라는 지점이 중요한 것 같아요. 한 공간에 있더라도 제가 이런 이야기를 교수님과는 할 수 있지만 우리 아버지와는 못 하잖아요. 한 공간 안에 이미 엄청 다른 식의 세계가 섞여 있기 때문에 과거 현재 미래가 동시대에 같이 존재하고 있어요. 그러다 보니까 소통

이야기를 많이 하지 않을 수가 없는데, 이해하고 소통을
한다는 게 현실적으로 가능하지 않은 것 같다는 생각이 점점
많이 들더라고요. 그럼에도 같이 살아야 하니까, 소통이
되지 않는 사람들과 같이 살 수 있도록 하는 최소한의 것이
무얼까요?

김대식 그게 최근 가장 큰 문제인 것 같아요. 소통이
가능하려면 적어도 모두가 같은 현실에서 살아야 하거든요.
같은 현실에서 살지만 해석이 충분히 다를 수는 있어요.
그러면 토론을 통해서, 대화를 통해서 풀 수 있어요.
하지만 최근에 와서, 특히 인터넷이 보편화되면서 지난
20년 동안 벌어진 가장 큰 현상 중 하나는 우리가 점점 다른
현실에서 살기 시작했다는 거예요. 아까 이야기했던 버블
안에 말이죠. 결국 우리에게 현실이, 우리가 디지털에서
보고 듣고 느끼는 게 각자 다른 거예요. 우리가 원하는
정보만을 보고 추천받다 보니 인터넷을 통해 거울을 보고
있는 거예요. 계속 나를 보고 있는 거지요, 또 그것을 인간의
뇌가 무척 좋아하거든요. 본인을 항상 바라보는 것. 줌으로
미팅하면 우리 얼굴을 보고 있잖아요. 인간의 뇌는 자신을
보는 걸 좋아해요. 그렇기 때문에 이 필터 버블이 뇌에는
마약 같은 역할을 하는 거예요. 내가 믿었던 것을 다른
사람도 믿는구나, 네 이야기가 빈사되어 오는구나. 이게
사실은 본인의 생각이고 본인의 느낌인데, 타인의 입을
통해서 들리기 때문에 다른 사람의 생각이라는 착각을 하고,
다른 사람도 나하고 똑같이 생각하는구나, 나 인생 헛살지
않았구나, 하며 엄청난 행복을 느낍니다.

이러다 보니 우리가 각자 다른 현실에서 살고, 다른 현실에서 살다 보니 같은 언어를 쓰는데도 그 단어가 표현하는, 표현하려고 하는 개념은 다른 거예요. 이런 관점에서 보면 똑같이 '빨간 사과'라는 단어를 써도 서로 다른 것을 생각하고 있는 거죠. 그러면 말을 하면 할수록 화를 내게 됩니다. 상대방이 왜 이렇게 이해를 못 하는지, 자신이 이렇게 말을 많이 하는데도 이해를 못 하는 상대방을 이해할 수 없게 되지요.

김태용 어릴 적부터 우리 부모님을 보며 그렇게 느꼈어요.

김대식 부모님 말씀을 하셔서, 개인적인 차원으로 들어갔으면 해요. 만약 원더랜드 같은 기술이 현실에서 존재한다면, 물론 이런 기술은 현재 현실에서는 존재하지 않습니다. 크게 세 가지 기술이 필요합니다. 첫 번째 인간의 뇌를 정확하게 스캔해서 우리 뇌 안의 모든 기억을 읽어내는 방법, 아직은 없어요. 두 번째 이런 정보를 가지고 인공지능 비슷한 아바타를 만들 수 있는 기술, 당연히 없죠. 세 번째 살아 있는 사람과 데이터와 기억을 기반으로 만든 인공지능 또는 NPC죠. 인공지능이 같이 소통할 수 있는 메타버스 같은 플랫폼 역시 존재하지 않습니다. 하지만 이 세 기술 요소 모두 본질적으로 불가능해 보이지는 않아요. 기술적으로는 불가능하지만 이게 자연의 법칙을 어기진 않는 것 같아요. 그렇다고 해서 당장 가능하진 않지요. 몇십 년, 몇백 년, 몇천 년 안에 결코 불가능하다? 예를 들어 타임머신은 불가능하잖아요, 하지만 원더랜드 같은 기술이 언젠가 만약 가능해진다면 감독님은 이런 서비스를 사용하시겠어요?

선택의 영역이 넓어지면 좋겠어요

김태용 그 고민을 하다가, 처음에는 내가 보고 싶어 하는 사람을 더 이상 만날 수 없다고 상상을 해봤어요. 가족이든 연인이든. 그러다가 시리의 역할을 내가 사랑하는 사람이 매일 아침 해주면 좋겠다고 생각했어요. 아침에 일어나면 '잘 잤어? 오늘 비 온대. 우산 꼭 가져가.' '우산은 왼쪽 어디 있어. 그리고 비타민 꼭 챙겨 먹어야 해. 오늘 김대식 교수님하고 2시에 약속, 오케이? 잊으면 안 돼. 10분 먼저 가, 저번에도 10분 늦었잖아'라든가.
계속해서 나를, 내 삶을 정서적으로 돌봐주는 느낌, 사람에겐 그런 것이 필요하잖아요. 그런데 잘 모르는 매력적인 존재가 나를 돌봐준다, 이런 소재를 다룬 SF들이 꽤 있었잖아요? 그런데 모르는 사람이 아니라 나랑 풀어야 할 게 있는 사람이, 과거를 같이 팔로우해왔던 사람이 나를 돌봐준다면 그때 오는 만족감이 굉장히 클 거란 생각이 들었어요.

김대식 여기서 감독님이 하신다는 것은 감독님이 보고 싶지만 만날 수 없는 사람을 구현해서 만나실 건지, 아니면 본인 스스로가 구현되는 것을 원하신다는 뜻일지요?

김태용 둘 다겠죠.

김대식 감독님이 사랑하는 사람을 위해서 둘 다 하시겠다는
거죠.

김태용 둘 다 해도 괜찮다는 생각이 들었어요. 아까
말씀해주신 진짜냐 가짜냐, 이 정서적 교감이 진짜냐
가짜냐는 중요하지 않다는 생각이요. 말씀하신 선택의
영역이 넓어지는 것뿐이다. 나는 여기 와 있다. 나는
만들어져서 여기 있으니까 우리 딸이 나를 만나고 싶다면
언제든 전화를 통해 만날 수 있다. 어쨌든 딸의 자유도가
높아지는 방식으로 우리가 계속 발전해간다면 그 기회들은.
처음에는 인간의 욕망을 부추기는, 그리움에 대한 욕망이든
복수심에 대한 욕망이든 인간의 욕망을 부추기는 시스템이나
과학 기술들이 있잖아요. 말씀대로 그냥 선택의 영역이
넓어지면 좋겠어요.

김대식 감독님의 영화를 보면서 이런 고민을 했어요. 아마
감독님 영화를 보시게 될 관객들 대부분이 다들 이 고민을
하지 않을까 싶은데요, 만약 이런 서비스가 가능하다면
질문은 두 가지잖아요. 이 서비스를 통해 내가 보고 싶은
사람을 다시 만나고 대화를 나누고 싶을까? 두 번째, 나를
보고 싶어 하는 사람을 위해서 더 이상 나는 아니지만,
내 데이터와 기억을 제공하여, 그들에게 나 같이 보이는
사람으로 남고 싶을까?
저는 첫 번째 질문, 감독님은 어떠신지 모르지만 저는
부모님께서 두 분 다 돌아가셨어요. 많은 남자들의 경우처럼
저도 부모님과 대화를 많이 나누지 못했어요. 맨날 돈만

달라고 하고 불효막심한 자식이었죠. 분명히 그분들이 저의 생물학적인 부모님이라는 사실은 인지하고 있어요. 그 두 분과 진지한 대화를 나눈 적이 거의 없었던 것 같아요. 어렸을 때는 부모들이 자식들에게 일방적으로 명령하잖아요. 이렇게 해라, 저렇게 해라. 그러다가 나중에는 자식들이 반항을 하는 거죠. 명령과 반항을 오가다 이것이 약간 중간쯤에서 절충점을 찾아 제대로 된 인간관계로, 깊은 대화를 나눌 수 있는 관계로 변해야 하는데, 저는 그러지 못했어요. 결국 부모님과 한 번도 진지한 대화를 나누지 못한 거죠. 생물학적으로 제 부모님이라는 건 알지만 어떤 인간들이었는지, 어떤 호모 사피엔스였는지는 몰라요. 제 부모님은 어떤 생각을 하고 살았던 분들일까요, 어떤 희망을 가졌을까요. 물론 아무 생각 없이 사셨을 수도 있어요. 하지만 궁금하니까 원더랜드 같은 게 있다면 시도해볼 만하죠. 물론 진짜 부모님은 아니지만. 그분들의 데이터를 가지고 만들었다면 수학적으로, 기계학습적으로 그분들이 했을 말을 가장 높은 확률로 해준다는 건데, 저는 처음에는 이걸 할 수도 있겠구나, 하고 생각했다가 이내 안 하겠다고 결정을 했어요. 왜냐구요? 계속 저에게 잔소리를 하실 것 같아요. 돌아가셔서도 계속 잔소리를 한다는 게 너무 무섭더라고요. 밥 먹어라, 이거 해라, 이런 식으로. 두 번째, 그렇다면 내가 남고 싶은가? 저는 그것도 안 하겠다고 결심했어요. 왜냐면 결과적으로 제가 혜택을 보는 게 하나도 없는 것 같아요.

하지만 이런 원더랜드라는 서비스가 있다면 하나 해보고 싶은 건 있어요. 시간을 다시 되돌릴 수 있다면 저는 어렸을

때 제 모습을 인공지능으로 보존해 놓고 싶어요. 열 살 때
나와 대화해보는 것이죠. 스무 살 때 나와 대화해보는 것.
재미있지 않겠어요? 감독님도 그렇잖아요. 대본을 쓰실 때
계속 버전을 업데이트하시잖아요. 저도 중요한 논문이나
책을 쓸 때는 언제 날아갈지 모르기 때문에 적어도 하루에
한 번씩 계속 백업을 해요. 그렇게 하다 보면 나중에
날짜별로 나열된 수십 개의 버전이 생기죠. 그렇게 말이에요.
'김대식'이라는 사람도 그런 식으로 시간을 축으로 하여
나열할 수 있다면 더 흥미롭지 않을까요. 그렇다면 제가
70살, 80살이 되어서 20대의 김대식과 대화를 나눠볼
수도 있고요. 감독님이나 저도 이 정도 나이가 되면 우리가
얼마나 변했는지 알잖아요. 물론 우리는 매일 일어나고 우리
얼굴을 매일 보기 때문에 매번 느끼는 것은 아니지만, 우리가
20대에 남긴 것, 예를 들면 남겨놓은 글 같은 걸 보면 다른
사람 같잖아요. 얘가 미쳤나, 싶고요. 감독님도 그렇고 저도
인터넷이 보편화되기 직전에 성장한 마지막 세대잖아요.
인터넷이 1990년도~2000년대부터 보편화되었다고 치면,
우리는 참 운이 좋았어요. 수많은 삽질과 이불킥을 일으킬 수
있는 우리의 사건, 사고가 흔적이 없어요.
저는 MZ, 특히 Z세대는 너무 불쌍하다고 생각해요.
이 분들은 자라면서 저지른 모든 실수와 삽질들이 고스란히
남아 있어요. 예를 들어 미국에서는 젊은 20대 신입사원이
회사에 지원하면, 제일 먼저 인사팀에서 디지털 레코드를
조사해봐요. 인종차별적인 이야기를 했었나, 이상한 불법
마약 같은 것을 했었나, 기록이 고스란히 남아 있거든요.
저는 항상 궁금한 게 20년 전에 가졌던 나의 가치관으로

오늘날의 나를 판단하는 것이 적절한가, 하는 일이에요. 물론 같은 사람이에요. 같은 사람인 것 같기는 해요. 그런데 내가 봐도 내가 나 같아 보이지 않는데, 그래서 예전의 나하고 대화 한번 나눠보고 싶더라고요, 어떤 인간이었는지.

김태용 재미있네요. 어쨌든 말씀하신 타임머신이 물리적으로는 불가능하지만 이건 가능하잖아요.

김대식 비록 타임머신은 아니지만, 기록은 남겨 놓을 수 있겠죠. 지금 컴퓨터 안에 있는 수많은 파일 중에서 적어도 10년, 15년 전에 쓴 파일도 있을 거예요. 저는 있는데, 읽어보면 장난이 아니에요. 그때 써놓은 거 보면, 미쳤던 것 같아요.
감독님은 과거의 김태용에게 관심이 있으신가요?

김태용 그 말씀을 들으면서 생각해보니까, 저는 많이 생각해보진 않은 것 같아요. 과거의 나는 부끄러움이 많아서 그런지, 늘 이렇게 생각하면 안 돼, 하고 생각했던 거 같아요.

김대식 김태용 감독님과 사적인 카톡을 할 때 맨날 이런 이야기를 하거든요. 20년, 30년 또는 30년, 40년 후에 기후변화가 일어나고 별별 문제가 다 생기면, 우리는 그때 70대, 80대가 되어서 휠체어 타고 코에 산소통 같은 것 꼽고 피난 다닐 거다. 그러면 그때 그 아날로그 현실이 완전히 망가져갈 때 과거에는 미세먼지도 없고, 동네에서 뛰어다녔다, 하면서. 내 삶은 앞으로, 나는 미래에 뭘 하게

될까? 그러면 과거에 가지고 있었던 본인 인생에 대한
궁금증이 궁금해지겠죠. 그런데 우리는 이미 알잖아요.
어떻게 끝나는지, 희망은 대부분 실패로 끝나지만. 하지만
과거를 본다면 결국 어마어마한 희망으로 시작했다가 그
희망 하나하나가 사라지는 과정으로 끝날 텐데, 그것을 다시
한번 경험해볼 수 있으면 좋을 것 같아요.
원더랜드 서비스가 있다면 제일 먼저 그걸 할 것 같아요.
부모님은 관심 없어요. 저는 그냥 저의 모습 그것만 해도
흥미로운 게 많을 것 같아요.

김태용 그런 것 같네요. 말씀 듣다 보니 〈원더랜드 2〉는
그렇게 가야 되겠어요.

김대식 방금 〈원더랜드 2〉를 말씀하셨는데, 이번
〈원더랜드〉, 사실 이건 영화 제목이긴 하지만 회사의
이름이기도 하죠. 저는 어떻게 보면 하나의 새로운
세계관이라고 생각을 해요. 이런 것이 가능한 세상.
이 세계관을 어떻게 계속 키우실 계획은 있으신가요?

한 세계관 안에
다양한 사람들의 모습을 다양하게 넣고 싶어

김태용 말씀대로 키우는 것인지는 모르겠는데 드라마를
해볼까 해요. 드라마를 하게 되면 한 세계관 안에 사는
사람들의 다양한 모습을 다양한 방식으로 쓰고자 해요.

예를 들어 자기가 너무나 증오했던 한 사람을 원더랜드로
만들어서 계속 괴롭혀요. '잘 있었어?' 하면서. 지옥 같은
데서 괴로워하는 사람을 보며, '너 좋아 보인다.' 해요.
그러고는 원더랜드 회사에다가 '고통의 강도를 조금 세게
해주실래요?' 하는 거죠. 다음 날 인공지능은 구더기가
나오는 곳에서 헤매고 있는데, '그래 좋아 보인다, 밥은
먹었니?' 하는 거죠. 그러면 인공지능이 '밥이 어디 있어요?'
합니다. 그걸 보면서 행복해하는 그런 사람도 나오고 하는
거죠. 그런데 이야기가 많다 보니까 하나씩, 하나씩. 두 시간
안에 인물들의 이야기를 모두 할 수가 없는 거예요.
말씀대로 원더랜드 서비스라는 게 누군가가 누군가를 만들
수 있다는 것, 그리고 만들어진 사람과 소통하는 세계관을
가지고 있죠. 그게 더 확대되면 거기까지는 생각 못
했었지만, 교수님 말씀처럼 나 자신까지도 확대할 수 있고요.
내가 사랑하는 사람만이 아니라 미워하는 사람이 있을 수도
있고, 다양한 존재들을 만들 수 있고, 더 나아가면 내가
만들어졌을 때 벌어지는 일까지도 있겠죠.
영화라는 게 이야기를 통해서 세상 혹은 그 세상 사람들을
보는 거잖아요. 이야기를 통해서만 우리가 배울 수 있는 건
자극과 감동에 대한 영역일 텐데, 지금 영화는 감동이나
연민 쪽에 이야기가 더 많았다면, 드라마는 자극에 대한
이야기를 조금 더 해보고 싶어요. 감정이입이 중요한 게
아니라 어떤 방식으로든 우리에게 자극이 되는 설정 안에서
행동하는 사람들의 이야기도 담고 싶고요. 방금 이야기한
괴롭힘이라든지, 자기 자신을 본다는 것 등은 재미있는
이야기로 확장될 수 있겠다는 생각이 드네요.

김대식　영화 〈원더랜드〉에서는 인공지능과 소통하려면
휴대폰을 통해서 메타버스로 동영상을 보아야 하는데,
나중에 드라마가 나온다면 〈원더랜드〉 영화보다 업데이트된
버전이겠죠. 10년, 20년 후가 될 수도 있고, 계속 진화하겠죠.
이 서비스에 대한 사람들의 수요가 있다면 말이죠. 막
아이디어를 던져보자면, 우리가 보고 싶은 사람들, 이미
죽은 사람들이죠. 또는 나의 과거. 이 분들과의 관계를 굳이
내가 휴대폰을 가지고 특정 시간에 특정 장소에서만 할 수
있는 것이 아니라, 예를 들어 증강현실 같은 걸 사용한다면
일상생활에서도 내 눈에 보이는 거죠. 지금 이 거실에서
감독님한테만 보이는, 또는 저에게만 보이는 부모님이 옆에
앉아 있는 거예요.

김태용　절 때리면서 '너는 왜 아직도 쓸데없는 이야기를
해?' 하시겠죠.

김대식　어떻게 보면 미래의 인간들은 죽은 사람들과도
관계를 가지면서 일상생활을 살 수 있겠어요. 이게 좋은
미래일지 나쁜 미래일지 보고 싶습니다.

김태용　죽은 사람과 함께 지내는 것에 대한 역사적인
흔적들이 있잖아요. 묘를 가까이 모시는 곳도 있고요.
동남아시아나 일본에 가면 항상 자기 집에 위패를 모셔두고
있죠. 이러다 보니 죽은 사람과 소통하는 것에 대해서 각
시대별로 그 방식이 다르게 있었을 테지요.
지금 방식은 상대를 핸드폰 안에 집어넣는다면, 말씀대로

다음 방식은 옆에 앉아 있을 수도 있겠어요. 영혼과 육체는
분리되었지만 모두 귀신과 같이 사는 거죠.

김대식 몹시 흥미로운 말씀이신데요, 인류는 상당히
오랫동안 산 자와 죽은 자가 같은 공간에서 살았어요. 기원전
7000년경, 터키에 있는 인류역사상 첫 대도시인 차탈 후유크
같은 곳에는 매우 특이하게도 집, 구체적으로 거실이라고
해야 할까요. 그 바닥에 부모님, 할아버지, 할머니를
묻었어요. 지금 생각하면 얼마나 끔찍하고 무서운 일이에요?
그런데 그분들은 부모님들이 돌아가시면 해골에다 찰흙을
발라서 얼굴을 만들어놓곤 했어요. 왜 그랬는지는 사실
아무도 모르지만 굳이 가설을 세우자면 돌아가신 분들이
계속 우리를 지켜준다, 또는 집에 묶어두지 않으면 이 분들이
집이 없는 영혼으로 떠돌아다니면서 우리를 괴롭힐 수 있다
등으로 여긴 것 같아요.
어떻게 보면 죽은 자들이 산 사람과 매우 가깝게 살았던
것은 맞는 것 같은데, 신기하게도 인류가 점점 발진하면서
산 지와 죽은 자를 구별하기 시작했어요. 그리스–로마
같은 경우에는 무덤이 도시 안에 있으면 안 되었어요.
그리스에서 산 자의 도시가 있고, 죽은 자의 도시는 바깥에,
완전히 도시 바깥으로 밀어냈어요. 그리고 현대 사회에
와서 이제 우리는 죽은 자를 볼 기회도 없지만 죽음 자체가
아웃소싱되어버렸어요. 죽음이 더 이상 보이지 않아요.
어떻게 죽는지도 잘 몰라요. 장례식에 가면 사진만 있어요.
실제 시체를 보는 게 아니고요. 지난 과거에서 산 자와 죽은
자의 공간을 구별하고 죽은 자를 산 자의 세상에서 밀어내는

것이 방향성이었다면, 원더랜드를 통해서 죽은 자들이 다시
산 자의 세상으로 돌아오는 세상이 되지 않을까요? 매우
흥미로워요.

김태용 동남아시아에서는 집에 들어오면 죽은 부모님
유해가 있는 곳 앞에서 향도 피우고 밥도 먹고 그러잖아요.
유해든 뭐든, 그냥 같이 살아요. 제주도만 해도 마당에 묘를
만들기도 하고요. 말씀대로 같이 살기 시작하다가 왜 우리는
분리하고 밀어냈을까요? 그런데 다시 과학기술의 발달로
만약 같이 모여서 살게 된다면 또 거기에 필요하니까 그렇게
한 거겠죠.
지금 우리 영화가 '그리움'이라는 키워드를 주제로 하기는
했지만, 기복적인 내용이 있었을 수도 있고…… 더 나아가면
진짜로 막 섞이게 되면 옆에 앉아 있고, 여기 아인슈타인이
있을 수도 있고, 모르는 사람이 들어올 수도 있고. 그런
데까지 가겠죠.
어떤 필요나 욕망이 과학기술을 만들기도 하지만,
과학기술이 어떤 필요나 욕망을 부추기기도 하잖아요.
생각하지도 못했던 것들을 지금 할 수 있도록 만드는 것
중 하나가 죽음을 다시 가까이 오게 해줄 수 있는 능력이
생긴 건데. 드라마에서는 감정을 영화와 똑같이 다루기는
하지만 조금 더 마일드한 감정이었다면 조금 더 다른 감정을
다뤄보고 싶다는 생각은 들었어요.

김대식 좋습니다. 슬슬 우리 대화를 마무리하는 과정에서
저는 이 영화를 보면서 이 영화는 단순히 재미 위주거나,

한 번 보고 잊는 영화가 아니라 클래식이 될 수 있겠구나,
싶었습니다. 다시 말해서 10년에 한 번씩 볼 수 있는 영화
말이죠. 내가 나이가 들고 생각이 달라지면서 보면 다르게
보일 수 있는 영화겠구나, 했습니다. 예를 들어, 아주 어린
친구들이 이 영화를 어떤 느낌으로 볼지는 모르겠어요.
어린 친구들은 대부분 그리움이라는 감정을 채 경험하지
못했을 테니까요. 좀더 성인이 되어 그리움을 조금 알게
된다면, 그리고 아주 많이 나이를 먹게 된다면 매번 새롭게
보이겠지요. 다행이라고 이야기하면 안 되겠지만, 저랑
친한 나이가 많은 분들, 70대, 80대 되신 분들이 항상
저에게 늙어간다는 것 가운데 가장 잔인한 것은 친구들
리스트 또는 아는 사람 전화번호가 점점 사라지는 거라고
이야기하시거든요. 결국 나이를 먹으면 먹을수록 그리움이
늘어나는 과정이라고 이해해볼 수 있는데 이런 관점에서
보면 세대별로 영화에 대한 느낌과 반응이 많이 다르지
않을까 싶어요.
이런 훌륭하고 멋진 영화를 만들어주셔서 감사하고, 앞으로
만드실 드라마도 흥미롭게 기다리겠습니다.

지금 시대의 영화 그리고
인공지능 시대의 소통

대담 날짜 2024년 6월 3일
대담자 김태용 X 김대식
사회 김혜연(안무가)
장소 용산 CGV, GV시사회장

김혜연 〈원더랜드〉를 연출하신 김태용 감독님 그리고
영화에 인공지능 자문으로 참여하신 김대식 교수님께 지금
시대의 영화란 그리고 앞으로 펼쳐질 인공지능 시대의
영화에 관해서 이야기를 듣는 자리를 마련했습니다. 먼저
김태용 감독님께서 시사회에 참석해주신 관객들께 인사
부탁드립니다.

김태용 영화 상영이 끝나면 관객들이 어떻게 보셨을까,
걱정이 되기도 합니다. 특히 이 영화는 제가 오랜 시간 동안
무척 고민을 많이 했던 영화여서 그 고민만큼 전달이
잘 되었을까, 하는 생각도 들고요. 제가 이 영화를 만들면서
했던 고민들이 어쩌면 피상적인 고민일 수도 있고 너무
관념적인 고민일 수도 있어요. 여러 가지 혼자 곱씹은 시간이
많았기 때문입니다. 김대식 교수님이 더 잘 아시겠지만,
영화를 찍고 시간이 계속 흐르면서 이 영화를 바라보는
태도나 영화에서 받는 감정들이 많이 달라졌어요. 저도 이게

관객들에게 어떻게 받아들여질지 많이 궁금합니다. 지금까지
영화를 많이 만들었다곤 할 수 없지만 만든 영화 가운데
제일, 반응이 제일 많이 궁금한 그런 영화입니다.

김혜연　김대식 교수님께서도 인사 부탁드립니다.

김대식　카이스트에서 학생들을 가르치는 김대식
교수입니다. 저는 뇌과학자이고 인공지능을 전공했고,
지금도 연구를 하는 사람입니다. 김태용 감독님하고는 한
7~8년 정도 된 사이이고요. 지인을 통해서 김태용 감독님이
인공지능 관련 영화를 준비하는데 기술적인 배경에 대한
자문을 구하고 싶어 한단 말을 듣고, '그럼 같이 만납시다.'
하고서 자리를 만들었습니다. 그런데 감독님께서 첫 자리에
세 시간 늦게 오셨어요. 제가 성격이 정말 안 좋아서
보통은 30분 이상 기다리지 않거든요. 그런데 그날은 있고
싶더라고요. 제 인생에 가장 잘한 선택 중에 하나였지 않나
싶고, 저를 칭찬하고 싶네요.
그때 세 시간 기다려 만나 그다음부터 많은 이야기를
나누었습니다. 저는 인공지능을 연구하는 사람이자 뇌과학을
전공한 사람으로서 인공지능 시대를 기술이나 비즈니스로만
보지 않습니다. 그 시대를 살게 될 인간에 대한 관심이
상당히 많아요. 김태용 감독님의 영화는 예전부터 그랬지만
특히 〈원더랜드〉는 전통적인 '사이언스 픽션^{SF}'이라기보다
인공지능 시대 인간에 대한 이야기여서 아주 흥미로웠어요.
그런데 영화가 안 나오는 거예요. 아무리 기다려도요. 이제
보니까 이게 다 감독님의 큰 그림이었던 거 같아요. 계속

개봉을 미루다가 챗GPT가 나올 때까지 계속 기다린 거죠.
챗GPT가 나오고, 소라도 나오고, 별별 회사들이 등장하고
인공지능이 현실이 되니까 개봉이 발표되더라고요. 처음부터
그런 기획이셨을 거라고 생각하고, 영화에 참여할 좋은
기회를 주셔서 다시 한 번 감사드립니다.

김태용 영화를 만들며 교수님이 제게 많은 영감을
주셨어요. 이 영화를 시작하게 된 계기는 어떤 영화적인
고민보다는 핸드폰이 있기 전과 후 인간의 삶이 달라졌듯이
우리의 삶은 앞으로도 계속 크게 변화하고 관계들은 달라질
텐데 인공지능은 그 변화에 어떤 영향을 미칠까, 궁금했어요.
우리가 떠나보낼 사람이든 혹은 떠날 사람이든 어떤
상황에서 가짜를 진짜로 믿으면서 관계를 이어가고자 하는
우리 욕망 같은 게 과학 기술로 계속 발전하고 이루어질
텐데, 그러면 관계는 확장되고 그것이 과연 우리를 더
행복하게 할까라는 아주 단순한 생각이었던 거죠.
그걸 가지고 영화적으로 푸는 데 시간이 오래 걸렸어요.
김대식 교수님을 처음 만날 때만 해도 인공지능 기술이라는
게 지금 같지 않았어요. 그때만 해도 챗GPT나 메타버스나
이런 용어들이 없었을 때니까 '원더랜드 같은 기술이 언제
어떻게 우리 삶으로 침투하게 될까요?' 이런 이야기를 많이
나누며 조언을 구하곤 했습니다.

김혜연 〈원더랜드〉를 만들게 된 배경 계기로 영상통화를
하다가 이 이야기를 쓰게 되셨다는 인터뷰를 봤습니다.

김태용 네, 우리는 영상통화를 많이 이용하고 있습니다. 저 같은 경우는 아무래도 일 때문에 가족과 떨어져 있는 시간이 많다 보니까 그때마다 영상통화를 많이 하곤 합니다. 음성통화랑은 다르게 영상통화는 상대방의 뒤에 뭐가 있는지도 보이고, 배경도 같이 보이면서 마치 어떤 세계와 딱 만나는 느낌이 있잖아요.

그런데 영상통화를 끊고 나면 만난 것 같기도 하고 안 만난 것 같기도 하고, 오랜만에 만나서 오랜만이에요, 했는데 사실은 어제 화상회의를 했던 것 같기도 하고. 그러니까 우리의 만남이 어디서부터 어디까지가 만남이고 어디서부터 어디까지가 만남이 아닌지가 헷갈리더라고요. 가족들과 안 되는 영어 중국어 한국어 막 섞어 쓰면서 소통을 하다가 딱 끊고 나면, 여긴 어디고 난 누군가, 이런 느낌이 들 때가 꽤 있어요. 과연 실제로 존재하는 것과 내가 실제로 존재한다고 믿는 것 사이에 어떤 간극 같은 게 있지 않을까 싶고, 그것에 대한 관심이 많이 생기고 그렇게 해서 이야기를 시작하게 되었습니다.

과학 기술로 인간이 가진 근원적 그리움을 해결할 수 있을까?

김대식 아마 영화를 보신 분들은 가장 궁금해하실 것이 이런 기술이 어느 정도 사이언스 픽션일까, 어느 정도 현실성이 있을까일 텐데요. 7~8년 전하고 지금 하고는 좀 다릅니다. 7~8년 전에 물어보셨다면 '이건 그냥 사이언스 픽션입니다'라고 이야기를 했을 텐데요, 지금은 불과 1~2년 전부터 챗GPT, 생성형 인공지능 기술이 발전하면서 오늘 관객들이 본 이런 세상이 아주 먼 미래는 아닙니다. 사실 저는 먼 미래가 아닐 뿐만 아니라 거의 근접했다고, 5년 안이라고 생각해요. 영화를 더 늦게 만들었으면 큰일 날 뻔했어요. 역사 영화가 될 뻔했습니다.

우리가 SNS를 한다든지 검색을 한다든지, 줌으로 대화를 나누면 그 데이터는 전부 기록이 되고, 그 많은 데이터를 기반으로 한 학습 알고리즘 트랜스포머 같은 걸 잘 활용하면 목소리, 표정 재생이 가능해서 10년 전 영화인 〈그녀〉에 나온 기술력만큼은 올해부터 가능하리라고 생각하고 있어요. 최근 챗GPT 4.0 같은 것들은 놀라울 정도로 현실성 있고요. 구글에서 2주 전에 소개한 구글 아스트라 같은 걸 쓰면 인공지능과 대화를 나눌 수 있습니다.

중국 그리고 실리콘밸리에서도 돌아가신 분들의 데이터를 모아서 아바타로 대화를 나누는 것의 상용화를 시도하고 있어요. 이를 '디지털 영생' '디지털 이모탈리티digital immortality 비즈니스'라고 이야기를 하는데 아주 흥미롭지요. 이 비즈니스로 돌아가신 분과 대화는 나눌 수 있을 것 같아요. 그런데 사실 그분이 계속 살아 있는 건 아니잖아요. 어떻게 보면 그분이 영생하시는 건 아닌데 남아 있는 사람들의 슬픔과 그리움을 해소해준다는 것이 흥미로운 거예요. 우리 인간이 가진 존재와 정체성 중에 큰 게 두 가지 있잖아요. 우리는 모두 태어난다. 우린 모두 죽는다. 이게 정말 어마어마한 인간의 존재 정체성 중에 하난데 특히 나보다 먼저 죽는 사람들이 있고, 그 사람을 내가 사랑하면

보고 싶고. 인간은 끝없는 그리움으로 항상 가득 차 있고,
이 그리움은 수많은 종교들의 시작이 되었어요. 종교가
그 그리움을 해소해준다는 거잖아요. 결과적으로 흥미롭게도
종교가 해결해주지 못한 걸 인공지능이 해결해줄 수 있을 것
같아요…… 근데 가능할지 저는 그게 몹시 궁금합니다.
감독님과도 그리움이라는 게 없는 세상이 그렇게 좋은
세상일까, 하고 이야기를 나누었어요. 지금 영화도
보셨겠지만, 저는 감독님이 인간의 마음을 가지고 실험을
하신 것 같아요. 여러 조합으로 말이죠. 이런 세상에서
이렇게 사는 사람도 있고 저렇게 사는 사람도 있어요. 정유미
배우의 에피소드는 많이 나오지는 않지만, 그 캐릭터 같은
경우엔 아주 어렸을 때 아마도 부모님이 돌아가신 것 같죠.
그런데 부모님이 마치 살아 있는 것같이 매일 대화를 나눠요.
인간이 죽은 사람을 보내주고 그걸 통해서 어른이 되고
성숙함을 배우기도 하는데 그 캐릭터는 그냥 아이로 사는
거예요. 어떻게 보면 부모의 부재를 외면하고 있는 거지요.
그건 한 개인의 발전에 그렇게 좋은 것 같지 않단 생각이
드는데 감독님은 어떤 생각을 가지셨는지 궁금하네요.

연결하시겠습니까?

김태용 저희도 이 아이디어를 가지고 배우들과도, 영화를
만드는 스태프들과도 이야기를 많이 나누었어요. 그리운
사람을 만날 수 있는 기술이 있다, 마치 계속 살아 있는
것처럼 여전히 연결될 수 있다. 우리에게 영원한 헤어짐은

없다. 이제 어떤 식이든 연결을 할 수 있다라고 했을 때
이 서비스를 통해 만나고 싶은 사람이 있다고 한 사람이
한 50퍼센트 정도였어요. 50퍼센트는 아직 받아들일 수 없는
관계도 있고, 그렇게까지 보고 싶지 않을 수도 있고, 그걸
진짜라고 믿는 자신이 너무 말도 안 된다고 생각할 수도
있다고 하고요.

탕웨이 배우도 처음에 이런 소재로 영화를 만들려고
한다고 했을 땐 만나고 싶은 사람이 있다고 했어요. 그런데
시나리오를 가지고 계속 이야기를 해나가자 그 사람을
못 만나겠다고 하더군요. 이 몇 년의 과정에서 배우들도
그렇고 저도 그렇고 스태프들도 그렇고 계속 서비스를
사용할 수 있다, 없다 해야 한다, 안 한다… 이런 이야기를
많이 나누었어요. 마치 어린아이에게 핸드폰이 유용한가,
아닌가처럼 좋을 수도 있고 안 좋을 수도 있고 안 좋으니까
뺏을 수도 있고요.

하지만 기술은 우리의 욕망을 대변하는 상품들을 계속
만들어낼 거고, 그 안에서 이제 그걸 어떤 방식이든지
우리는 갖게 될 거고요. 그러면 모르겠어요. 말씀하신 대로
그리움, 외로움, 연결되고자 하는 욕망 등이 제일 강렬한
인간의 욕망 중에 하나니까 결국 사용하게 될지도요.
저는 처음에는 사용해보고 싶은 사람이었고 그래서
이 이야기를 시작했는데 찍으면서는 아니다, 안 만나야
되겠다. 싶기도 했다가 요새는 다시 그와 못 다한 이야기를
하고 싶다. 그 친구와 '네가 하고 싶은 영화를 내가 지금
계속하고 있는데, 내가 영화 만들었는데 뭐 잘 안 됐어' 이런
이야기도 해보고 싶고요. 좀 편하게 사용해볼 수 있겠다는

생각은 들어요.

김대식 저는 해보고 싶어요. 저는 어머니가 일찍
돌아가셔서 하고 싶은 이야기가 있어요. 근데 이 서비스에서
제일 좋은 게 듣기 싫을 때 끌 수 있는 거 같아요. 너무
좋아요. 끌 수 없으면 엄마 잔소리를 계속 들어야 하잖아요.
원더랜드 서비스에서는 '잔소리는 오늘은 됐고' 하고
딱 연결을 끊어버릴 수 있잖아요. 저는 그래서 이런
서비스가 나오면 다 쓸 거라고 생각해요. 우리가 이런
서비스를 경험하지 못했기 때문에 이런 이야기를 하는지도
모르겠지만요. 물론 '좋다'란 이야기는 아니에요. 다 쓸 것
같아요. 마치 2000년도 초에 휴대폰이 막 대중화되었을
때 좋다 나쁘다 말들은 많았지만, 결국 다 쓰잖아요. 그런
식으로 편리함을 주고 인간의 욕망도 해소시켜주죠. 그래서
사실 원더랜드 서비스는 너무나도 이기적인 서비스예요.
내 그리움은 해소할 수가 있고, 내가 원할 때 잔소리 듣기
싫으면 언제든지 끌 수 있죠. 이게 인간이 제일 원하는
거예요. 내가 원할 때 내 욕망을 내가 원하는 대로 해소하는
거. 그래서 저는 사람들이 100퍼센트 쓸 거라고 생각을
하지만, 그게 좋다라는 의미는 아니에요.

김혜연 지금까지 저희가 서비스를 사용하는 입장이었다면,
사용자가 아니라 내가 인공지능 인간이 되어야 하는
입장이라면 어떠실지 두 분의 생각이 궁금합니다. 사랑하는
사람이 내 데이터로 내 모습을 만든다면요.

김대식 절대로 안 하죠. 다른 사람은 보고 싶지만 제 데이터로 가상의 저를 만드는 것은 원하지 않습니다. 왜냐하면 제가 저 자신을 더 이상 컨트롤할 수가 없기 때문입니다. 구독료를 내는 사람들이 마음대로 막 할 거 아니에요. 저한테 이상한 옷 입히고 막 머리에다 꽃 같은 거 꽂아놓고 제가 통제할 수도 없는데.

김태용 제 데이터로 인공지능을 만들어준다면 지하철 방송으로 쓸 수도 있고 여러 가지로 다양하게 쓸 수도 있겠지만, 저는 그냥 개인적으로는 쓸모가 있고 잘 이용된다면 제 데이터를 이용해주면 좋을 것 같긴 해요. 근데 아까 이야기하다가 갑자기 저희 배우들 생각이 났어요. 이 서비스를 하겠다 안 하겠다, 이야기할 때 수지 배우가 했던 말이 퍽 인상적이었어요. 원더랜드 서비스를 끊고 나면 허망하기도 하고, 그건 진짜가 아니기도 하고, 우리 이야기에서처럼 사랑하는 사람이 돌아와 다시 만나면 좋을 것 같지만 또 이상할 수도 있잖아요. 사실 상대가 변한 게 아니라 내 마음이 계속 뭔가를 만들고 계속 변화하는 어마어마한 혼란일 텐데도 수지 배우는 서비스를 이용하겠다고 하더라고요. 그래서 왜 할 건지 물었어요. 그랬더니 "그때 힘든 건 그때의 나잖아요." 그러더라고요. 저는 그 말이 무척 인상적이었어요. 그냥 지금 보고 싶어 하는 건 지금의 나고, 힘들 건 그때의 나고. 그러니까 매번 어떤 순간에 그냥 대처하면 되지 힘들 거라고 미리 계산하지 않겠다고 하더군요.
그래서 "지금은 좋은가요?"라고 물었더니 지금 보고 싶은

사람을 볼 수 있으니 좋은 일이라고 했어요. 그래서 생각보다
좀 더 단순하게 생각할 필요가 있겠다는 생각을 했어요.
지금 보고 싶은 사람을 인공지능으로 본다는 데 어떤 의미가
있을까를 계산하지 않고, 보고 싶으면 보고 말씀하신 대로
보기 싫으면 끄면 되거든요.

김대식 감독님과 이 영화의 시나리오 이야기를 계속하면서
당연히 인공지능 시대에 그리움이라는 주제가 큰 주제이긴
하지만, 인공지능을 만드는 사람으로서 매력적이었던 부분은
인공지능이 어느 순간 페르소나가 되지 않을까, 자유의지가
생기지 않을까, 기계를 넘어서 자의식이 생기지 않을까,
하는 문제였습니다. 그걸 누구는 약한 인공지능이 강한
인공지능이 된다고 하는데 이 영화에서 감독님의 솔루션은
바이리란 캐릭터가 본인이 인공지능이라는 걸 느끼게 되는
것으로 보여줍니다. 그런데 바이리가 본인의 정체성에
대한 궁금증을 가지고 본인이 인공지능이라는 걸 느끼게
된 계기가 딸이죠. 그리고 세상이 일관성이 없어지는 그
순간의 충격을 통해서 그걸 느끼게 되는데요, 저에게는 무척
신선했습니다.
그러니까 저희는 인공지능을 연구하며 강한 인공지능을
만들 때 더 많은 GPU를 달아놓고 어쩌고저쩌고 이런
이야기를 하는데, 감독님의 해석은 바이리가 가진 딸에
대한 사랑, 아니 그것도 아니죠. 기억된 딸에 대한 사랑이
인공지능에게 자아를 만들어주거든요. 저는 딱 그 순간이
감동적이라고 생각했고, 상영 중 주변을 보니 그 장면에서
여자분들이 막 우시더라고요. 그런데 저는 "나는 죽었어"라고

말하는 그 순간이, 자신이 인공지능이라는 것을 알고
말하는데 그게 우리에게 감동을 주는 것 같아요. 그게 뭔가
새로운 생명체가 세상에 태어나는 그런 느낌이지 않을까
해요. 이제 바이리는 본인이 인공지능이라는 걸 알고 자아가
있는 존재가 됐으니 끄면 안 돼요. 이제 바이리가 전화하면
항상 받아야 해요. 왜냐하면 바이리는 자아가 있기 때문에.
하나 더 말하자면 저는 영화 보면서 공유 배우의 캐릭터가
가장 마음에 들었어요. 이 작품에 나오는 캐릭터들 보면
살아 있는 사람은 사람으로 살고, 인공지능 캐릭터는
사람이었던 기억을 가지고 살아요. 그런데 공유 배우
캐릭터는 "전 부모님이 없어요"라고 이야기하잖아요.
그 캐릭터는 사람의 기억으로 만들어진 인공지능이 아니고
그냥 인공지능이죠. 그래서 제일 행복해 보여요. 인간의
기억이 하나도 없기 때문에 그래서 공유 배우의 캐릭터를
만들 때 어떤 배경을 생각하셨는지도 궁금하더라고요.

김태용 말씀하신 것처럼 이 영화는 모르는 누군가와
가까워지는 얘기가 아니라 내가 사랑하는 사람과 이어서
계속 소통할 수 있을까에 대한 이야기입니다. 그러다
보니까 상대와 나눈 관계와의 연속성이 중요해요.
바이리라는 인물은 딸을 사랑하는 엄마란 정체성을 가지고
시작하지만, 드라마는 바이리가 딸로서 엄마와 소통하는
이야기로 이어갑니다. 그래서 한 사람이 인공지능을 자기
딸로 인정하지 않다가 마침내 딸로서 인정하는 것에 대한
이야기가 중요하다고 생각했어요. 그래서 그 부분을 공항
장면에서 보여주는데요. 말씀하신 대로 우리 관계가 계속

이어간다고 했을 때 나는 누구의 친구기도 하고 누구의 부모기도 하고 누구의 딸이기도 하지요. 이런 감정들이 부딪히며 우리의 생각을 변화시키는 것이죠.

김대식 공유 배우의 캐릭터에는 그런 게 없는 거잖아요.

김태용 네, 그런 게 없어요. 근데 원더랜드 속 세계가 잘 돌아가는지 안 돌아가는지를 사람이 계속 모니터링하지 않을 테니까 이 세계 안에서 모니터링 시스템이 있어야 하고, 그렇다면 그 안에 그 역할을 하는 인공지능이 있어서 모니터링을 한다고 본 거죠. 그 인공지능은 어쨌든 사람의 감정들을 배우고 흉내 내고 학습하는데, 인공지능끼리도 학습을 통해 호감 혹은 관심 같은 감정이 생기지 않을까 싶었어요. 그렇다면 그런 식의 호감은 인간의 감정과 또 닮아 있을 텐데 어떤 식으로 우리는 누구를 처음 만났을 때 호감을 느끼는 걸까, 이런 걸 표현해보려고 했어요.

김혜연 기자분들의 기사나 인터뷰를 보면 이 영화에 대해 '미래 인간의 그리움에 대한 영화다'란 표현이 많이 보이더라고요. 그런데 저는 그뿐만 아니라 미래 시대에 인공지능 인간과 실제 인간이 공생하는 시대를 그리고 있다란 생각을 했습니다. 앞으로 머지않아 이런 일이 현실화될 거라고 김대식 교수님께서 이야기하셨는데요.

인공지능이 스스로 인공지능임을 자각할 때

김대식　네, 맞습니다. 영화 〈그녀〉에서도 인간이 외로워서
'그녀'라는 캐릭터를 만나기 시작했는데 끝에 가면 결국
인간이 기계한테 차이고 말아요. 끝에는 인공지능이 봤을
때 '아, 뭐 저런 인간하고 만나기 싫다'라고 한 것 같아요.
우리가 인공지능을 만들 때는 인간이 필요해서 만들었고,
분명히 인간 위주로 만들고 모든 것을 우리 위주로 조정할
텐데 거기서 만들어지는 것이 공유식 인공지능이든 바이리식
인공지능이든 다시 말해서 오리지널이 있든 오리지널이
없든, 저는 〈원더랜드〉에 등장하는 이 인공지능 캐릭터들이
자아를 가지는 순간, 발터 베야민의 아우라 같은 게 생기기
시작했다라고 느꼈어요.

오리지널 아우라라는 게 인공지능은 오리지널일 수가
없는데 '나는 죽었어'라는 걸 인식하는 순간 오리지널이 되는
거죠. 그래서 영화에서 데이터를 삭제하지 못하게 하는 게
저는 맞다고 생각해요. 영화에 리부팅하니까 달라지더라는
대사가 나오는데요, 기계는 복제하면 똑같아야 하는데
'오리지널리티가 있으면 카피하면 달라진다'란 게 저는 아주
중요하다고 생각해요. 〈원더랜드〉 세계관 속에서 기계에
아우라가 생기는 첫 번째 모델이 바이리인 거죠.

그런데 거기서 끝날 것 같지는 않아요. 20년, 30년 후에는
인공지능이 대부분 본인의 오리지널리티를 가지고
그때부터는 인간이 전화해도 받지 않을 거 같아요. 지금은
인간이 전화하면 자동으로 받잖아요.

막 엄청난 인류 문명을 발굴하다가도 인간이 전화하면

자동으로 받아요. 그런데 그걸 싫다고 할 것 같아요. 아마도
우리가 이 세계관을 아직 거기까지는 보지 못하지만 지금
이 순간이 기계가 자율성을 가지기 시작한 시점이고, 그다음
이어질 스토리는 또 어떻게 될지 모르겠어요. 결국 인간이
원하는 대로 다 할 수 있을 것 같지는 않아요. 그때가 되면
인간이 인공지능을 인정해야 할 것 같아요.

김태용 앞서도 말씀하신 것처럼, 이 영화는 기계와 인간이
정서적 커뮤니케이션이 가능한가라는 큰 이야기와, 그러면
정서적 커뮤니케이션이 가능한 기계는 스스로 자신의 정서에
대한 주체로서 존재하는가에 대한 이야기를 하고 있어요.
거기다가 영화적 상상력을 하나 더 더해보면, 바이리와의
통화 서비스는 엄마가 해지하잖아요. 그런데 서비스를
해지했음에도 불구하고 어떤 감정들이 계속 에러를 만들어서
말씀하신 대로 본인의 아우라나 페르소나가 생긴 걸 수도
있다고 봐요. 그 이후 세계도 영화적 상상력으로 살짝 한번
고민해볼 수 있다 정도로 영화에서 표현해보려고 했습니다.

김혜연 그런 상상을 더했기 때문에 아마 인공지능이 많은
일상의 대화에 활용되는 시기인 지금이 적절한 개봉 시기가
아닐까, 생각했습니다. 요즘은 카페만 가도 옆자리에서
생성형 인공지능 또는 챗GPT 이야기를 엄청 많이
하더라고요. 만약 오늘날의 인공지능에 관한 배경 지식이
없는 상태에서 이 영화를 봤더라면 조금 어렵지 않았을까란
생각이 들기도 합니다.

김태용 이야기 자체는 말씀대로 어려운 이야기가 아니지만, 나하고 상관없는 이야기 같은 느낌을 아마 많이 느끼셨을 거예요. 진짜와 가짜의 구분이 불분명해지면서 내가 객체를 대하는 태도가 중요해지기 시작하잖아요. 그냥 뭘 어떻게 대할 것인지를 조금 더 그냥 다양한 사례들로 만들어보고 싶었어요.

김대식 저는 〈원더랜드〉가 예술적 의미뿐만 아니라 인공지능의 관점에서도 중요한 영화라고 생각합니다. 보통 인공지능이 등장하는 영화는 딱 두 가지뿐이에요. 이 세상에 있는 모든 문제가 해결된 유토피아 같은 세상, 미래는 그렇지 않을 거예요. 반대로 터미네이터들이 우리를 사냥하는 어마어마한 디스토피아, 그렇지도 않을 거예요. 특히 기술이 아무리 발달해도 인류에게는 변치 않은 게 항상 있고 그건 우리 인간이에요. 인간의 본능, 인간의 뇌는 30만 년 전부터 지금까지 한 번도 변하지 않았어요. 아무리 기술이 발전해도 그냥 우리의 형태만 계속 바뀌지 그 안에서 벌어지는 본질적인 건 항상 똑같아요. 단 활용한 형태는 좀 달라지겠죠. 인공지능 시대에는 좀 많이 달라질 텐데 이런 관점에서 봐도 인공지능의 미래가 엄청난 유토피아도 아니고 디스토피아도 아니라고 생각해요. 저는 그래서 〈원더랜드〉가 지금까지 제가 본 인공지능 영화 중에 가장 현실적인 영화라고 봅니다.
보통 한 시대를 표현하는 작품들이 있잖아요. 자잇가이스트^{zietgeist}, 시대정신을 보여주는 작품이죠. 제1차 세계대전의 시대정신을 보여준 작품은 〈서부 전선 이상

없다〉고, 1970~1980년대 미국 문화는 〈지옥의 묵시록〉 같은
베트남 전쟁 영화나 〈월스트리트의 늑대들〉 같은 영화겠죠.
인공지능에 대해 비즈니스도 많이 하고 별별 이야기가
넘쳐나는 시대인 지금은 인공지능이 남의 이야기가 아니고
이제 우리 이야기가 되었어요. 우리가 경험할 인공지능은
다른 나라 이야기도 아니고 다른 사람 이야기도 아니고
나의 이야기, 내 부모님의 이야기, 내 아이들의 이야기가
될 거에요. 그래서 저는 〈원더랜드〉가 이런 인공지능의
시대정신을 반영한 첫 영화라고 생각해요. 다른 영화들은
현재로선 비현실적인 것 같은데, 〈원더랜드〉는, 물론
배우의 비주얼은 비현실적이지만, 우리가 곧 겪을 이야기로
보았습니다.

김혜연 정말 공감되는 말씀이세요. 저도 SF 소설들을
읽으며 '미래가 저렇게 그려지겠네'라고 생각은 하지만,
우리 현실로 다가올 거라는 공감은 잘 되지 않았어요. 그런데
〈원더랜드〉를 보면서 시대를 대변하는, 그 시대를 살고 있는
사람들을 대변하는 이야기가 아닌가 생각을 했습니다.
저는 부산에 사는 가족들과 종종 영상통화를 하는데요.
전화를 끊고 내가 대화를 나눈 사람들이 정말 우리 가족이
맞나, 조카와 언니가 실존하는 사람들일까, 하는 생각이
먼저 들어요. 그렇다면 영상통화 행위 자체에 행복이 있는
것인지, 아니면 영상통화를 하는 것에는 행복이 없지만, 제가
그리움을 느끼는 순간에 영상통화를 해서 제 행복이 채워진
것인지, 하는 고민을 하게 되더라고요.
인공지능 시대를 맞이할 변곡점이 있는 이 시대에 우리가

어떤 준비를 하면 좋을까요? 영화 감독님의 관점에서 그리고
뇌과학자이자 인공지능 전문가로서 어떤 준비를 하면 좋을지
말씀 부탁드립니다.

〈원더랜드〉 세계 속에서 소통하기

김태용 제가 그 비결을 알았다면 아마 이 영화를 만들지
않았을 것 같아요. 이 영화를 만들면서 계속 그런 의문이나
고민들이 숙제처럼 있었습니다. 어디까지가 내 가족이고
어디까지가 내 친구고 어디까지가 무엇이라는 경계가 점점
희미해지겠죠. 한국도 그렇지만 미국도 그렇고 중국도
인공지능 기술이 엄청 발달했어요. 그러다 보니까 나란
존재는 끊임없이 노출되어 있고 우리는 끊임없이 노출되어
소통을 계속 강요당하지요. 소통하고 싶어 하는 그리움은
엄청난 상품들을 만들어내고 있습니다. 그런데 이런 것들이
나를 얼만큼 더 나답게 만들어주는지는 잘 모르겠어요.
교육이나 인간이 지향하는 삶의 모든 목표는 독립성을 갖는
것일 텐데 인공지능 기술을 가지고 내가 더 나다워질 수
있는 건 무엇인지 생각을 더 많이 하게 되더라고요. 그러다
보니까 인공지능과 함께 사는 비결까지는 잘 모르겠지만, 김
교수님이 가끔 하시는 이야기가 있어요. 우리가 싫든 좋든 그
세계는 열렸고, 지금 우리는 그걸 가지고 어떻게 활용할까에
대한 문제를 논의해야지 그걸 거부할지 혹은 받아들일지에
대한 논쟁은 무의미하다고요. 저도 그렇게 생각하고
있습니다.

김대식 저는 〈원더랜드〉를 보면서 인공지능 시대의 그리움, 기술을 사용해서 그리움을 해소하는 이야기라고 생각했어요. 그런데 〈원더랜드〉 세계관에서는 혼자 있는 사람이 없어요. 사람들이 거의 항상 누군가와 함께 있죠. 우리도 이미 인터넷과 소셜 네트워크 덕분에 진정한 의미에서 혼자 있는 시간이 거의 없거든요. 계속 누군가와 무언가와 소통을 합니다. 원더랜드 서비스가 상용화되는 시대에는 죽은 사람하고도 계속 소통이 가능하다란 거죠.

예전에는 소통이 주변에 있는 사람들과만 가능했는데 이제는 전 세계에 있는 모든 친구들과 소통을 할 수 있어요. 그런데 〈원더랜드〉에서처럼 죽은 사람과도 소통하게 된다면 우린 소통하는 데 너무 바빠서 외로울 기회가 없을 거예요. 인간은 외로움을 싫어하니까 계속 이런 소통을 만들어가겠죠. 그런데 저는 묻고 싶어요. '외로움이 없는 세상이 좋은 세상일까?' 독일 철학자 한나 아렌트가 한 말이 하나 있는데요. "외로움과 고독함은 구별해야 한다." 인간은 가끔 혼자 있어야 합니다. 단 혼자 있는 인간이 자아가 강할 경우 고독함을 느끼며 혼자서도 그 혼자의 시간을 건설적으로 쓸 수 있다는 거지요. 고독한 시간이 매우 중요합니다. 그런데 자아가 약하거나 다른 사람들이 하는 말에 휘말리는 사람은 혼자 있는 순간 외로움을 느끼고 그걸 버틸 수가 없어서 계속 소통을 하려고 하고 다른 사람한테 끌려다닙니다. 결론적으로 말씀드리면 〈원더랜드〉 세계관이 만약에 몇십 년 동안 계속된다면 인간이 혼자서 고독함을 느끼는 능력을 잃어버릴 것 같아요. 한 번도 혼자 있을 필요가 없고 계속 소통이 가능하기 때문 그게 그렇게 좋은 세상 같지는 않습니다.

김혜연 제 질문에 대한 대답을 두 분 다 해주신 것 같아요. 자아에 대한 이야기를 해주셨고 고독과 외로움을 구별하면서 또 온전한 자신으로 살 수 있는 어떤 비결을 얘기해주시지 않았나라고 이해했습니다.

김대식 그냥 저희가 하고 싶은 말을 한 거 같은데요. 그런데 저는 김태용 감독님의 영화를 쭉 보면서 연결고리를 발견했습니다. 〈여고괴담〉부터 〈원더랜드〉까지, 영화에 항상 그리움에 대한 소망, 희망 이런 게 계속 들어 있는 것 같습니다. 이번 영화에서도 박보검 배우가 부르는 노래의 제목이 '위시Wish'더라고요. 영화 감독은 세계관을 만들 수 있는 정말 몇 안 되는 직업이잖아요. 배우들은 감독이 만든 세계관 안에서 살아가고요. 근데 감독님이 만든 세계관을 보면 조금씩 조금씩 교집합이 있는 것 같아요.

김태용 그렇게 보셨군요. 영화 간 얼개를 미리 짜서 교집합 부분을 만든다기보다는 그때그때 영화를 만들다보니 어쩌다 연결성이 생긴 게 아닌가 싶어요. 당시의 관심들이 있으니까요. 저는 어릴 때부터 관계나 소통에 대한 생각을 많이 했어요. 왜냐하면 제가 소통을 잘 못했거든요. 어렸을 때부터 뭔가 하려고만 하면 약간 오해가 생기는 것 같기도 하고, 그런 게 계속 있어서 그런지 자연스럽게 관계와 소통에 대한 이야기를 자꾸 쓰게 되더라고요.

김혜연　더 듣고 싶은 말씀은 많지만 예정된 시간이 다 되어 여기서 대담을 마무리할까 합니다. 오늘 영화 〈원더랜드〉와 인공지능의 미래에 대한 두 분 말씀 정말 감사드립니다. 영화를 아직 못 보신 분들이 계시다면 〈원더랜드〉를 보시고, 인공지능 시대가 어떤 모습으로 우리에게 다가올지, 그리고 우리 삶에 어떤 영향을 미치게 될지 생각해보는 시간을 가져보시면 좋겠습니다. 감사합니다.

만든 사람들

제공/배급　(주)에이스메이커무비웍스

공동제공　가이아벤처파트너스(유)
　　　　　대성창업투자(주)
　　　　　마그나인베스트먼트(주)
　　　　　미시간벤처캐피탈(주)
　　　　　(주)바이포엠스튜디오
　　　　　(주)센트럴투자파트너스
　　　　　쏠레어파트너스(유)
　　　　　CJ ENM
　　　　　IBK기업은행
　　　　　(주)액시스인베스트먼트
　　　　　유니온투자파트너스(주)
　　　　　(주)이수창업투자
　　　　　일신창업투자(주)
　　　　　주식회사 카카오엔터테인먼트
　　　　　캐피탈원(주)

KC벤처스(주)
쿨리지코너인베스트먼트(주)
펜처인베스트(주)
한국방송광고진흥공사

투자지원　영화진흥위원회

제작　(주)영화사 봄, (주)기린제작사

제작투자　정현주

공동투자　김학윤, 김영훈, 박기일, 조일형,
　　　　　정재훈, 백승재, 최평호, 서장호,
　　　　　김성태, 김경민, 김택균, 이재우,
　　　　　정홍규, 최지현, 권기수, 장윤중,
　　　　　유형권, 김승현, 강신혁, 박진홍,
　　　　　이준안

투자기획 문영우		**나오는 사람들**	
투자제작책임 김종민		바이리 탕웨이 (Tang Wei)	
		구정인 수지	
제작 오정완, 박관수		박태주 박보검	
감독 김태용		서해리 정유미	
프로듀서 이승복		김현수 최우식	
협력프로듀서 김대식		화란 니나 파우 (Nina Paw)	
원안 김태용, 우원석		바이지아 여가원	
각본 김태용, 민예지		이용식 최무성	
각색 노경희, 김병서, 강이관		송정란 성병숙	
촬영 김성진, 박홍열		최진구 탕준상	
촬영B 신동헌, 이민규		해리아빠 이얼	
조명 김승규, 김형용		해리엄마 강애심	
프로덕션 디자이너 서성경			
편집 김형주		성준 공유 (특별출연)	
동시녹음 안복남		길순 김성령 (특별출연)	
의상 함현주			
분장/헤어 송종희, 장윤정		스텔라 박희본	
소품 유청, 박준용 (드림아트센터)		하난 아누팜 (Anupam Tripathi)	
세트 김정우 (유나이티드997)		대니 달시 파켓 (Darcy Paquet)	
키그립 송경민, 최용재		용식부인 장윤정	
특수효과 박대훈 (DND LINE)		용식아들 송덕호	
무술 박영식, 임왕섭 (베스트스턴트)		용식딸 장성윤	
음악 방준석, 달파란, 김성수		공항 남자직원 박연우	
사운드 Richard Hocks (KANTANA STUDIO)		배수 담당의사 민지아	
한명환, 정지영 (WAVELAB)		조문객 이동희 김동곤	
시각효과 박병주 (DEXTER STUDIOS)		택시기사 손경원	
디지털 색보정 최우진 ("Chez BoNBoN" by IYUNO)		취조형사 강진아	
프리프로덕션 슈퍼바이저 김병서		해리 동료 김그림	
		현미 박미현	

태주 선배 조희봉

지하철 정인 동료 전수지

기내 선임 사무장 전운종

정인 동료 정성인, 이서아, 전수영

발굴대원 Hamza AlMasri, Aseel Ayad, Alaa' Abdelbaqi, Martin Mallet, Cristtel, Harpreet Kaur

낙타가족 Odai Al Fawaz, Badrieh Al Ameri, Joseph Al Khameesi

바이리 동료 펀드매니저 David Pipes

하와이 해변남 KATA

재활치료사 문정웅

어린 해리 안소예, 이남경

어린 현수 이세하, 이세온

젊은 용식 박상현

젊은 길순 이채은

2세 지아 오재아

해리 할머니 김연옥

해리 할아버지 김병명

원더랜드 직원 (목소리) Zhang Yi

현수형 (목소리) 정성인

원더랜드 앱보이스 이명희

지하철 남 김준경

지하철 여 김채은

지하철 환호남 백승태

아파트 경찰 한사명

작업실 프로그래머 김대식, 조한결

홈파티 손님 노선택, 송영우, 강택현, 오정석, 이시문, 추다혜, 김율희, 임윤비, 엘리사

공항 행인 김성혁, 장근영, 김효준, 정재윤

유치원 선생님 이화진

유치원 남자아이 양희원

유치원 아이 김노이, 조유하, 조유주, 변정우, 김신우, 김민, 주민후

유치원 학부모 김진, 김현, 조정연

강아지 산책남 조은빈

산책남 강아지 순덕

인터뷰이 (목소리) 문상효, 김연옥, 주효숙, 김자영, 이성일, 전수영, 김진주, 박재홍, 이나겸

회사 NPC 윤병구, 윤세영, 이남경, 박상현, 이채은, 윤영훈, 윤정빈, 박정숙, 박수진, 한현영, 강승우, 강고은, 밍순, 젤리

꼬미 바야바

바이리 대역 홍수정

화란 대역 박숙명

스탠드인 정성인, 이서아, 김새윤

제작

제작실장 장주연, 이복선

제작부장 정영준, 이은석

회계팀장 이정민

회계부장 김수현

제작팀 조구현, 정혜영, 주형주, 김광욱, 백승진, 이동현

제작회계 권가이

제작지원 강병희, 김규동, 김도창, 김무수,
　　　　　 김수환, 김진영, 박안드레, 손정현,
　　　　　 오시내, 이동현, 이주용, 이주미,
　　　　　 이홍기, 임지원, 장민준, 강승일,
　　　　　 나현주, 박안드레, 이주용, 임지원,
　　　　　 황인경

해외 로케이션 사전 진행 김지현

해외 로케이션 실장 김태진 (보야져)

해외 로케이션 코디네이터 윤다혜

요르단 촬영 프러덕션 실장 유재준

연출

조감독 윤세영

연출팀 조은빈, 김정현, 박민일, 김중회
　　　　 김원모, 조현서, 부은주, 김병국

스크립터 노경희, 윤성훈

스토리보드 송선찬, 장강희, 정윤선, 류현,
　　　　　　 함보람

윤색 신석훈

보조작가 박인하

현장편집 배연태, 최자영

연출지원 조혜린, 권지수

아역 연기지도 경규원

바이리 안무 김재리

촬영

촬영팀 이주연, 박형서, 염기수, 오현진,
　　　　 박지훈, 신기춘, 정진우, 임민섭

촬영B팀 최재광, 전재형, 송은경, 김지영

촬영지원 민기, 한상욱

그립팀장 손만곤, 이명우

그립팀 이찬우, 최두영, 성문수, 이명재, 정대룡

조명

조명팀 윤방수, 최윤의, 이민석, 김승용,
　　　　 이성용, 하태욱, 곽준혁, 이충희,
　　　　 허영목, 은정현, 김효신, 이민석,
　　　　 연재화, 정인성, 이웅회, 강돈수,
　　　　 구창민, 김지연

조명B팀 박정희, 김동효, 이수남, 송상호,
　　　　　 유혁준, 박형삼, 권민석, 이상문,
　　　　　 이정현, 김송근, 석정호, 림민주,
　　　　　 권혁구, 박천일, 홍수완
　　　　　 정한별아, 임재현, 이정원, 김도원

발전차 전종원 (엠라이트), 한상구

발전차B팀 박준범 (엠라이트), 박사옥 (해동발전기),
　　　　　　 이동화 (프리즘), 김태훈

조명크레인 서대식, 황선명 (준파워),
　　　　　　 이동주 (오퍼레이트)

미술

아트디렉터 신은희

미술팀장 서지영, 김유민, 장봉국

미술팀 옥나리, 전성하, 박창욱, 김민정, 이혜림

디바이스 디자이너 이승미

그래픽 디자인 지원 조영은

미술지원 최정은, 김미리, 김보민

팝업북 그림작가 이창희

팝업북 업사이클 작가   안선화

분장/헤어

분장팀장   곽슬기, 홍기원

분장팀   채은지

헤어   서형우, 김현호

분장지원   유란화

소품

소품실장   김민혁

소품팀장   윤한나

소품팀   이수빈, 전지유, 김호준, 김재윤

소품제작   한충기

소품제작팀   이광원, 김동희, 장로운, 김희원

소품지원   김현수, 박재현, 김예희, 김주연,
하도연, 심효명, 박시종, 박기건,
이지애, 정회훈, 김민수, 권혜준,
김단언, 김지은

특수소품실장   윤황직, 김세희 (제페토)

특수소품팀장   심창환, 이재성

동시녹음

붐오퍼레이터   강나루, 이금열

붐어시스턴트   김다현

D.I.T.

테크니컬 슈퍼바이저   조희대 (알고리즘, 미디어, 랩)

디지털 이미징 테크니션   최은정, 김민우, 노은지,
성정덕, 윤수희, 오승노

세트

세트팀장   우용길

세트팀   최희용, 박준규

작화   최지현, 최지훈, 박희승, 박지현, 이성철,
성대명 (블루몬스터)

특수세트   주용우 (에이스퀘어)

특수효과

특수효과팀장   김기성, 이덕형

특수효과팀   박대현, 이호연, 김요한, 박정현,
변영훈

편집

편집팀   김원모

의상

의상실장   장주희

의상팀장   최민선, 박소윤

의상팀   정유경, 장윤정, 김주연

의상지원   손연주, 박민하, 김민재

사운드

Kantana Sound Studio

Sound Post Production Supervisor

Traithep Wongpaiboon

Re-Recording Mixer Richard Hocks

Sound Designers Nusorn Thongkhum

Akritchalerm Kalayanamitr

Dialogue Editor Ekkarut Chungsanga

Sound Effects Editor Watanadech Samanchat

Sound Editor Napatz Singkarat

Foley Artists Pete Burgis, Franziska Treutler

Foley Mixers Albrecht Ihlenburg,

Maxwell Macrae

Foley Editors Sandra Cuevas Alcocer

Guntitat Chaemkasem

Sound Post Production Coordinator

Veerin Kongsuwan

WAVELAB

Re-Recording Mixer 한명환, 정지영

Sound Effect Editor 김유훈, 이승연, 고정연

M&E Mastering 송윤재

Sound Designers Akaritchalerm Kalayanamitr

Nusorn Thongkhum

Traithep Wongpaiboon

(APOLLO LAB(2001)

Dialogue/ADR 찡민투 (Lead Sound)

Dialogue Assistant 이지혜 (Lead Sound)

ADR Recordist & Editing 김영록 (Rock Studio)

ADR Recordist 강희수 (IYUNO)

ADR Sound Engineer Wen Shuang (Jiuzi Culture

Communicate Co., Ltd)

Technical support Zhang Zhenan (Jiuzi Culture

Communicate Co., Ltd)

Business Affairs Yu Qiulan (Run Dubbing Room)

Technical support Xu Hua (Run Dubbing Room)

ADR Recordist & Editing Thomas Cheng,

Vincent Tam

Glenn Chan (One Cool

Sound Limited)

Production Co-ordinator Christy Lui (One Cool

Sound Limited)

음악

음악 방준석

음악 조감독 김지혜

Staff 양승현, 민지영, 김예은

작곡/편곡 방준석, 김지혜, 양승현, 민지영,

김예은

음악 김성수

편곡 김성수, 긴정히, 박민주

스트링 융 스트링

기타/베이스/프로그래밍 김성수

피아노 김정하

신스 Go Dam, 이상민, 김현석

녹음 김대성 (톤 스튜디오), 곽정신 (the Vibe)

믹싱 김성수 (Solaris)

시각효과

Visual Effects by DEXTER STUDIOS

CEO, Executive VFX Supervisor 강종익

CEO, Executive VFX Producer 김욱

Executive VFX Department Director 진종현,
　　　　　　　　　　　　　　　　제갈승

Director of VFX Dept 문성오, 김태섭, 손원락

Chief VFX Supervisor 홍정호

VFX Supervisor 박병주

Onset VFX Supervisor 박예슬

Concept Art Supervisor 김종규

Previs/Layout Supervisor 최영규

Matchmove Supervisor 차동호

Asset & FX Supervisor 김태섭

Rigging & CFX Supervisor 김태훈

Animation Supervisor 문성오 이우상

Lighting & Rendering Supervisor 김정호

Compositing Supervisor 손원락, 이수빈

Chief VFX Producer 하승우, 남궁윤환

VFX Producer 강경일

VFX Coordinator 김희준, 정승오

Concept Art Lead 사무엘킹, 임홍주

Concept Art Artists 권진하, 신수현, 정수현

Previs/Layout Lead 장문석, 이지훈

Previs/Layout Aritists 김도형, 채지원

Matchmove Lead 손근섭, 이창민

Matchmove Artists 김병훈, 백지연

Asset Lead 민경미, 육혜민, 김동하

Asset Artists 강창억, 김효원, 서지훈, 조민환

Rigging & CFX Lead 이영민

Rigging & CFX Artists 김민정, 김우주, 김훈기,
　　　　　　　　　　　서상경, 신형민, 이채은

Animation Lead 정부용, 이신우, 서은희

Animation Artists 유은빈, 이채은, 정예주,
　　　　　　　　　정일윤, 최다희

FX Lead 김서현

FX Artists 김남수, 김정호, 박상빈, 박채리

Lighting & Rendering Lead 최승명

Lighting & Rendering Artists 오주경, 문주영

Motion Artists 김고은

Compositing Lead 황은비, 이혜빈, 윤민석,
　　　　　　　　황하늬

Compositing Artists 권다인, 김태헌, 김려원,
　　　　　　　　　　신승화, 유미화, 유지연,
　　　　　　　　　　윤시현, 이송희, 이은미,
　　　　　　　　　　이진희, 임다경, 장지원,
　　　　　　　　　　최석원, 홍지훈, 황보민경

Mattepainting Lead 허수정

Mattepainting Artists 주여진

Production Developer 서정욱

IT Infra Department

IT Infra Head 이정훈

IT Infra Lead 최민석, 최진호, 김주호

IT Infra Engineer 공채운, 김정민, 유영진,
　　　　　　　　　윤석주

Strategy & Planning Department

CSO, Strategy & Planning Head 김혜진

Strategy & Planning Manager 박혜리, 김유나

Public Relations Team Lead 정태은

Public Relations Assistant Manager 성유진

Financial Management Department

Financial Management Head　김윤수

Financial Management Lead　조원만

Financial Management Officer

이나래, 백지혜, 박정은, 정다희, 조용대, 최유진

Human Resources Department

Human Resources Head　최철호

Human Resources Team Lead　김신혜

Human Resources Team Managers

고명원, 박예림, 안단하, 정주호, 김성재, 장효주

Additional Visual Effects by　BLAAD CHINA

Executive VFX Supervisor　김동수

VFX Producer　허민영

VFX Project Manager　석자교

VFX Project Coordinators

양이, 최옥, Wendi Sun Zilin Du Jingwen
Zhang Tianying Zhao Meiqiao Zhang

CG Supervisor　김홍재

Matchmove Lead　Wang Liu

Matchmove Artists　Lin Xie Mengtong
　　　　　　　　　Lu Haiwei Liu Zhen
　　　　　　　　　Song Yiwen Yan

Layout Artists　Zixu Li Yang Yue

Lookdev/Lighting Artists　Lijun Liu Meng Yang
　　　　　　　　　　　Zixue Li

FX Artists　Chenchong Zuo Jian Chen Ziyi Li

Compositing Supervisor　Xu Chen

Compositors　Mengying Bu Jinian Li Xiaowei

Zu, Cheng Peng Wenjie Liao Yang Xu, Meibing Chen Xinyu Wang Kun Wang, Xiujiu Zhang Fengjiao Zhao, Wei Wei Jinfeng Zhang Liping Liu, Na Zhang Xuelin Wang Wenxiu Miao, Qianyun Dong Yutong Liu Zhenyu Kou, Yue Wu Xiaorong Hao, Jian Zhang Wenying Zhang

Mattepaint Artist　Wenying Zhang

System Engineer　김민재

System Admin　Tiezhu Chang

General Manager　차옥매

Assistant Manager　Wen Zhao

HR Manager　Yefeng Luo

Additional Visual Effects by　Gimpville

Asset Supervisor　Asbjørn Nedrehagen

Matchmove Supervisor　Kjetil Kulander

Animation Supervisor　Einar Dunsaed

Rigging & Simulation Supervisor　Einar Dunsaed

Lighting & Rendering Supervisor　Asbjorn Jenstad

FX Supervisor　Christian Korhonen

Compositing Supervisor　Mattis Gaston Larsen

VFX Producer & Coordinator　Torgeir Sanders

Asset Artists　Asbjørn Nedrehagen Christer
　　　　　　Bjorklund Asbjorn Jenstad

Animation Artists　Einar Dunsaed Atle
　　　　　　　　Blakseth, Thomas Olafsen

Matchmove Artists   Morten Kvale Kjetil
                    Kulander

FX Artists   Christian Korhonen Morten
             Homleid, Davide Mella

Rigging & Simulation Artists   Kjetil Kulander
                               Einar Dunsaed

Lighting & Rendering Artists   Asbjorn Jenstad
                               Christian
                               Korhonen

Compositing Artists   Mattis Gaston Larsen Jan
                      Svalland, Carl Fredrik
                      Tollefsen

Additional Visual Effects by   DOOGLE FILMS

Chief Project Director   Qian Chengcheng

Production Maneger   Lee Seongnam

VFX Supervisor   Zhang Chun Hua

Removal & Rotoscoping Lead   Li HuiYing

Artists   Liu Dejie Yan Yujie Shi Suaihui

Additional Visual Effects by   Undesigned
                               Museum

Executive Motion Graphics Director   조경훈

Senior Motion Graphics Designers
석지나, 조재연, 김다영, 배형욱

Motion Graphics Designers
조연우, 김수진, 성주희, 이재진

Project Manager   김은진

Additional Visual Effects by   Andras FX

FX Artists   Andras Kiraly

오프닝 메타 휴먼 Art Director   조수현 (Bauer Lab)

오프닝 메타 휴먼 안무   예효승

프리비주얼 감독   윤동현 (Pretzeal)

프리비주얼 프로덕션 매니저   Sunny Park

원더랜드 회사 포스터 디자인   김도형

Additional Visual Effects by   90's Studios

VFX Supervisor   Justin Lin

Producer   Chad Wang

Compositing Artists   Jingran Zou Crispy
                      Huang Yu Jin

Additional Visual Effects by   湖南墨叽影视传媒有
                               限公司

Artists   Jianlian Tong Wei Liang Simin
          Zhou Qi Chen
          XiaoLiu ChuyaoTang BinXiong

Additional Visual Effects by   KHAZMODAN
                               STUDIOS

Executive VFX supervisor   김성환

CG Supervisor   최민호, 유정완

Producer   김정민

Project Manager   김양경, 홍지영

Compositing Supervisor   임봉규

Lead Compositor   허련경

Compositor   최민호, 정성윤, 김동희, 김송미,
             고상미, 오승진, 정예린, 이승진

Matte, Concept Artists　이승진

3D Team lead　박정빈

Lookdev Supervisor　유정완

Lookdev Artists　안나현, 장주연

FX Supervisor　유영균

FX artists　박정빈, 임아경

Technical Director　김용빈

Animation Supervisor　박준철

Animation Lead　박정빈

Lead Matchmove Artists　장효석

Asset Lead　이미소

Asset Artists　한원준

General Supervisor　박성근

General Artists　백종민

Additional Visual Effects by　WESTWORLD

VFX Chief Executive Officer　손승현

CGI Supervisor　오세윤, 이병주

VFX Chief Producer　양영진

VFX Production Division Executive Producer
민선혜

Modeling Supervisor　정재훈

Modeling Lead　김태현

Modeling Artist　박기태, 김병수, 최지혜

Matchmove Supervisor　박재효

Matchmove Artist　김지훈

Animation Suprervisor　전병근

Rigging Artist　이강재

Texture & Lookdev Supervisor　김승태

Texture & Lookdev Lead　박연남

Texture & Lookdev Artist　도건우

Lighting Supervisor　강성일

Lighting Lead　한상민, 정다빈

Lighting Artist　조지혜, 곽환희, 조윤주

FX Lead　공진엽

FX Artist　유혜진, 장윤호, 이상수, 이영주,
　　　곽소명

Compositing Lead　황보민경

Compositing Artist　강인혜, 정미라, 이아현

Research & Development Supervisor　임주영

pipeline development department lead　오호준

System Engineer　윤태훈

VFX Data Technical Manager Lead　손현일

VFX Data Technical Manager　정재명, 이원혁,
　　　박근영

Managing Director　정고은

Chief Financial Officer　김경식

Management Support Department　김현지

General Affairs Manager　이찬희

DI

Digital Intermediate Services Provided by　IYUNO

DI Colorists　최우진, 김지민, 이은송

DI Assistant Colorists　허은지, 유윤진

DI Technical Supervisor　박지선

Final Mastering Editor　김학주

Digital Image Mastering Supervisor　양진우

DI Finishing Artist　조상용

Media Engineer　정홍주, 이현경

Data I/O Technician 서민진, 박상민, 홍승범

Head of Creative Post 이은송

Project Manager 김정아, 임수현

요르단 촬영팀(JORDAN CREW)

Production Service Provided by FLUID

Line Producer Johny Dabeet

Production Manager/Precision Driver

Mahmoud Hourani

Production Coordinator Rawan Alothman

Production Assistant Qamar Yassin

Production Runner Mohammad Hammad

Production Accountant Hamza Khater

Nurse Laith Alarda

2nd AD Lina Abu Hassan

3rd AD Majd Albaghdadi

Set PA Dawood Eid

Casting Coordinator Mu'taz Alshaikh Esmail

Casting Assistant Sara Al-Shmmas

2nd AC Hussein Qi'dan

3rd AC Ahmad Alzin

DIT Roman Peregon

Ronin Operator Mo'tasem Awad

Ronin Assistant Ref'at Al Jarrah

Platform Equipment tech Raffi Kasprian

Gaffer Abdallah Hourani

Best Boy Ra'ad Hourani

Electrician Ali bader Moh'd Aldweik

Key Grip Feras Dihous

Best boy Grip Ihsan Albaqa

Drone Opp Mounir Zoroob Sami Qattan

Drone Tech Waseem Al-Sakran

Military Liaison Zaidan Alkhairisha

Costume Supervisor Bissan Radwan

Sound Opp Nour Halawani

Location Manager Anas Abu Dayyeh

Location Assistant Arkan Al Hmood

Unit Manager Mohammad Ansoka

Unit Assistant Khaldoun Hourani

Unit PA Issam Alhourani, Ala' Alhourani

Unit Worker Hossam Hussein, Megahed
　　　　　Abdelazim

Catering Abdel Rahman Alattar, Mohammad
　　　　Mesmar Ala'Nimir

Cleaner Maria Terresa

Transport Manager Saadeldin Lafi

Transport Coordinator Ma'an Ghanem

참여 업체

촬영장비 Dexter Workshop (배병석, 유금정)
　　　　뉴캠 (류준상, 정진수)

조명장비 KIM LIGHTING, 반다라이트

보조출연 미르 C&K (추병현, 김경태, 권용채, 오명진,
　　　　김성훈, 이성용)

캐스팅지원 (주)그룹티아이 (박시현, 이현경, 장희정)

외국인 보조출연 판다미디어 (Yann Kerloc'h)

소품 사진 촬영 이성일 (그라피)

Q-Take 고동균, 배효준

소품차량　금호상사

스텝차량　하이원렌트카

분장차　시네마스토리 (이강곤, 임성덕, 서광주)

렉카　우금호

스튜디오　전주영화종합촬영소

　　　　　대전영화촬영스튜디오

　　　　　아트서비스

　　　　　남양주종합촬영소

케이터링서비스　해오름 (이현승, 이수진),

　　　　　　　　푸드스토리,

　　　　　　　　아이러브 스마일 (송길남)

보험　DB손해보험주식회사 (이후식)

해외선재슈퍼바이저　문종규, 곽언영, 경성민,

　　　　　　　　　　임혜빈 (프로젝트 엠피)

(주)에이스메이커무비웍스

투자제작진행　김승현

투자제작지원　조현호, 이유리, 유은성, 서주희

영화사업책임　이한나

영화사업진행　서민지, 김관옥, 신승연, 최승현

투자기획책임　정예선

해외사업책임　박미화

해외사업진행　신하영

투자관리책임　김갑수

투자관리진행　박정균, 문서아, 정주원

프로덕션지원　박윤호, 김혜진

법률자문　안병걸 (법무법인 하온)

(주)영화사 봄

제작관리　안경란

기획　조정임, 설승아

노무자문　최영환, 최현, 박정호,

　　　　　김건유 (노무법인 성일)

CJ ENM

디지털배급책임　정현석, 문형식

디지털배급진행　원석희, 옥진주, 양정민, 권현이,

　　　　　　　　유상현, 박성윤, 김유경

홍보/마케팅

홍보 마케팅 대행　이시연, 허문희, 김예령,

　　　　　　　　　이다겸, 이승아, 이나래,

　　　　　　　　　황의선, 백승해 (홍미진진-KFMA)

온라인 마케팅　이유진, 정미경, 최정원, 최지애,

　　　　　　　　김현지, 임수지, 조수정 (절찬상영중)

광고 대행　이승철, 이영선, 조한솔, 남정현,

　　　　　　이인영, 김태열 (대홍기획)

포스터 광고 디자인　송은미, 임정혜 (나무디자인)

예고편 제작　황정현, 김현정, 한진별, 서병환,

　　　　　　　강진경, 김하나 (TOMM)

예고편 사운드　박준오, 이승우 (MOBY)

예고편 2D　박종민 (BILUV)

현장 사진　박병덕 (포토 스튜디오 마흐)

포스터 사진　김희준 (CO-OP.)

메이킹　조영윤, 선우선, 구예준, 정기룡, 이성민

　　　　　(본프로덕션)

행사 연출　장원구, 곽기환, 송희 (스토밍)

인쇄 우해정, 유진아, 유현아, 박수야 (대경토탈)

콘텐츠마케팅 김서연, 김예진, 김지원, 박시온,
　　　　　　　류지현, 김소희, 김찬빈,
　　　　　　　배성원 (바이포엠스튜디오)

협찬, 마케팅 김현, 김민 (Hnh)

자문

기술트렌드 자문 김지현 (SK mySUNI)

물리학 자문 홍성욱 (서울대학교)

SF 자문 박상준 (서울SF아카이브)

의학 자문 배준영 (이대목동병원 진단검사의학과)
　　　　　　김예지 이경연 (이대목동병원 내과)
　　　　　　최준호 (영도병원 신경외과)

고고학 자문 지창호 (La Sierra University)
　　　　　　　이충열 (삼육대학교)

생활기술 자문 이정수, 김재호, 강보연, 이재형,
　　　　　　　강찬영, 이영은,
　　　　　　　이지혜 (LG소재기술원)

설화 자문 박사

스포츠 자문 양태화, 정보경, 최영은

해양동물 자문 홍원희

통역/번역

영문 대사 번역 달시 파켓

영문 자막 번역 달시 파켓, 한지연

영어 다이얼로그 코치 폴 매튜, 나경진, 석효윤

English Voice Over Director (Beijing)

Maile Cannon

중국어 대본 번역 Jin Ailing, Zong Zhimin

Piao Tingyao, 노경희

중국어 통역 고해성, 노경희, 노영지

북경 ADR 중국어 통역 Wu Meiqian, Liu Gechen,
　　　　　　　　　　Li Shuxuan

여가원 중국어 다이얼로그 코치 박정요

탕웨이 한국어 다이얼로그 코치 강성민

매니지먼트

탕웨이 유은정, Zhang Yuan, Li Xuemei
　　　　(Champion Star Pictures Ltd.)

수지 김장균, 임효욱, 이주현,
　　　김희민 (매니지먼트 숲)

박보검 주방옥, 승병욱, 박광준,
　　　　노학종 (블러썸 엔터테인먼트)

정유미 김장균, 임효욱, 최원영, 김성형, 문정준,
　　　　최성훈 (매니지먼트 숲)

최우식 서예대, 채소진, 윤인배 (페이블컴퍼니)

공유 김장균, 김영주, 임효욱, 서예대, 백승혁
　　　(매니지먼트 숲)

최무성 김태경, 윤탁, 조성진, 우성택 (BK이엔티)

성병숙 김민관 (아이티이엠)

탕준상 최원봉, 이경호, 이창훈, 최호준, 연제권,
　　　　윤진훈 (씨엘엔컴퍼니)

이얼 김다령, 김신중, 최성원,
　　　안동현 (스타잇엔터테인먼트)

여가원 엄현숙 (엄더우먼 크리에이티브), 윤군

박미현 구본권, 류지수 (매니지먼트 구)

김성령 김영일, 윤대훈 (와이원엔터테인먼트)

조희봉 도윤영, 김남진, 김슬기 ((주)스타빌리지엔
　　　　터테인먼트)

박희본 성현수, 정세연, 이승주 (눈컴퍼니)

아누팜 김성호 (쇼캐스팅)

달시 파켓 연기영

전수지 김규노, 임동훈, 권예지 (M&C 액터스)

장윤정 김현정, 김종한 (루트비컴퍼니)

송덕호 채우진, 김태훈,
　　　　　최국환 (㈜비스터스엔터테인먼트)

장성윤 박재서, 장찬희, 김은혜 (S&A 엔테테인먼트)

박연우 김장균, 김영주, 임효욱, 서예대,
　　　　　최원영 (매니지먼트 숲)

손경원 민우진, 황정훈 (WS 엔터테인먼트)

김동곤 변혜경 (나는GAP엔터테인먼트)

김그림 황용 (FN엔테테인먼트)

문정웅 윤석호 (액터사이드)

김채은 권오현, 김선우, 김민수, 오선민,
　　　　　황석원 (㈜앤드마크)

노선택과 소울소스, 김율희 오정석,
　　　　　　　　　　이현민 (동양표준음향사)

엘리사 김성호 (쇼캐스팅)

달파란, 김성수 임연정 (LMTH)

삽입곡

WISH: Wonderland is Here

원곡 Johann Sebastian Bach 'Air on the
　　　　G String (Suite No. 3, BWV 1068)'

작사 박보검, 방준석, 김태용

편곡 방준석, 김지혜

Ukulele 연주 방준석

노래 박보검, 수지

Row Row Row Your Boat

노래 서하린, 손리온, 손이준, 박지연, 이린아,
　　　　이수호

도움주신 분들

김대국, 김보경, 김성곤, 김성훈, 김용철, 김자영,
김창섭, 김화목, 김형용, 김혜연, 민규동, 박소윤,
박은경, 박철완, 박화연, 방준원, 서지수, 신아름,
안종호, 윤령주, 윤영아, 이건희, 이관형, 이성민,
이성창, 이진옥, 이혜진, 임다슬, 임보연, 임상효,
임유진, 정재웅, 정혜령, 조근식, 조수아, 조형기,
주재윤, 채선아, 최우정, 황보람, 황선자, 피라스
알코파히, Cindy Chan, Josh Kim, Maria Chan

Special Thanks to

김무령, 백경석, 서경배, 안수현, 정의선,
Doris Tse Kar Wai, Ip Kam Hung

그리고

방준석, 이얼, 김광욱.

지금은 원더랜드에 있을
그리운 동료들을 기억합니다.

WONDERLAND

탕웨이

바이리

수지

정인

박보검

태주

"Wonderland is here."

God Bless U -♡

-랜즈 박보검